고려인들의 사랑과 가족 그리고 문학

고려시대사연구회 지음

도서출판 신서원

[역사여행 011]
고려인들의 사랑과 가족, 그리고 문학

2006년   12월 10일 초판1쇄 인쇄
2006년   12월 15일 초판1쇄 발행

지은이 : 고려시대사연구회
펴낸이 : 임성렬
펴낸곳 : 도서출판 신서원
　　서울시 종로구 교남동 47-2 협신빌딩 209호
　　전화 : 739-0222·3 팩스 : 739-0224
　　등록번호 : 제1-1805(1994.11.9)

ISBN : 89-7940-713-0

역사여행 011

고려인들의 사랑과 가족, 그리고 문학

도서출판 신서원

머리말

　　대학에서 교양 한국사를 강의하면서 아쉽게 느끼는 점
은 해마다 학생들의 한국사에 관한 지식이 점점 줄어든다
는 것이다. 그 이유는 국사가 대학수학능력시험에서 필수
과목이 아닌 사회과 선택과목의 하나가 된 탓도 있지만,
무엇보다도 중·고등학교에서 가르치는 국사의 내용이 제
도사 중심의 어려운 것이어서 자신들과 관련이 없으면 그
다지 관심을 갖지 않는 신세대 학생들의 흥미를 유발하지
못하기 때문일 것이다.

　　아울러 일반독자들도 예전과는 달리 딱딱한 내용은 피
하고, 대신 편안하게 읽을 수 있는 것들을 원하는 것 같다.
그 때문인지 최근 한국사 분야에서도 당대를 묘사한 그림
과 일기 및 각종 문집류 등을 통해서 한 시대를 살았던
사람들의 삶과 죽음, 즉 의식주는 물론 관혼상제의 통과의
례와 그 의식세계, 가족생활 등을 생생하게 복원하여 책으
로 출간함으로써 독자로부터 좋은 반응을 얻고 있다.

　　고려시대사 연구자들도 이와 같은 일상사나 생활사에
대한 관심이 많다. 그러나 역사는 의욕만으로 서술할 수

없고 반드시 자료가 뒷받침되어야 하는데, 불행하게도 고려시대에는 고구려시대와 같이 사람들의 옷·음식·세계관 등을 보여주는 무덤벽화는 말할 것도 없고, 조선시대처럼 아침부터 저녁까지 사람들의 일상생활에 어떤 일들이 있었는지를 알려주는 일기조차도 없다.

이처럼 자료상의 한계는 있었지만, 실제사례를 통해 고려시대 사람들의 생활이나 생각을 대중들에게 쉽게 전달하기 위해 편찬한 책이 박용운 외, 『고려시대 사람들 이야기』 Ⅰ(정치생활), Ⅱ(경제·사회생활), Ⅲ(교육·사상 및 문화생활)이었다. 그런데 여전히 정치생활이나 경제생활 분야는 이해하기 어렵다는 독자들의 지적과 함께 어느 곳에서든지 책을 쉽게 펼칠 수 있도록 크기를 줄여달라는 요청이 적지 않았다.

이에 비교적 평이하게 잘 서술된 가족제도사·사상사·사회사·문학사 등에 관한 주제만을 따로 엮어 문고본으로 선보이게 되었다. 지하철이든 공원 벤치에서든, 이 책을 읽으며 잠시 복잡한 현실에서 벗어나 고려시대 사람들과 대화하며 그들과 친해지기 바란다.

끝으로 이 책의 기획과 출판에 힘써 준 신서원 편집부 여러분에게 감사드린다.

필자대표 이진한

차례

쉬어가는 곳

사랑이야기

쉬어가는 곳

아름다운 부부 이야기

　요즘 우리나라 이혼율이 급격히 증가함으로써 "검은머리가 파뿌리가 되도록 함께 산다"는 전통적인 결혼관이 변화하고 있다. 통계에 따르면, 1999년에 한국에서는 36만 2천여 쌍이 결혼하고, 11만 8천여 쌍이 이혼했다고 한다. 세 쌍의 부부 가운데 한 쌍은 이혼한다는 이야기가 되는 셈이다.

　29명의 부인을 두었던 고려태조 왕건의 경우를 비롯하여, 삼촌 혹은 사촌 사이의 족내혼이 한동안 일반화되어 있었던 고려왕실의 결혼풍속은 오늘날의 결혼제도와 퍽 다른 것 같은 인상을 준다. 그러나 그것은 당시 왕실에만 한정된 특수한 경우였고, 실제로 민간에서는 고려인 역시 어디까지나 일부일처제였다.

　고려시대 대부분의 가정은 일부일처이며, 특별한 사유가 없는 한 '대체로' 일생을 해로하는 관계였다고 해야 할 것이다. 그러나 조선시대에 비하여 결혼과 이혼이 훨씬 자유로운 분위기였음은 이 시기의 특징이라 할 만하다.

상대적으로 자유로웠던 여성의 결혼과 이혼

송나라 사신 서긍은 12세기 고려사람들의 생활을 관찰하면서 결혼에 대해서는 "남녀의 결혼은 경솔히 합치고 쉽게 헤어진다"고 하여 다소 자유분방했던 결혼풍속을 언급하고 있다. 조선시대에 비하면 고려는 여성의 이혼과 재혼이 상당히 허용되는 분위기였음을 알 수 있다.

그러나 이혼내용을 들여다보면, 남자 쪽에서 여러 이유로 여자를 버리는 형태의 이혼이 많이 포함되어 있다. 가령 12세기 사람 양원준은 자신의 아내가 시어머니를 잘 섬기지 않는다 하여 아내를 내쫓았다. 그의 처와 아들이 울면서 애걸했으나 끝내 허락하지 않았다는 것이다.

고려시대 여성은 지위가 조선시대에 비해 상대적으로 높고 자유로운 면이 있었지만, 고려 역시 기본적으로는 남성중심의 사회였기 때문에 여성의 지위가 제한적이었음은 물론이다. 그러나 상대적인 시각에서 본다면 고려사회는 조선사회보다 이 점에서 훨씬 개방적이었다.

고려 묘지명(죽은 사람의 이름·신분·행적 등을 새긴 글) 자료를 분석한 김용선 교수에 따르면, 확인된 자료에 한해 말할 때, 남성의 초혼연령은 최저 13세부터 최고 32세까지인데, 고려 후기로 갈수록 혼인연령이 하향하는 경향이고 고려 전시기 평균은 20.7세였다. 여성의 경우는 최저 11세로부터 최고 25세이며 역시 후기로 갈수록 많이 낮아지는데, 전체시기 평균은 16.3세였다. 다시 말하자면 고려귀족은 남자 20세, 여자 16세 전후에 결혼하는 것이 일반적이었으며, 후기에는 혼인연령이 대략 2살 정도 내려갔다는 뜻이다.

또한 남녀간의 초혼연령은 남성연상형으로 평균 4세 정도의 차이가 있는 것으로 보고되었다.

여성의 재혼사례가 기록에 나타나지만 남성에 비해 그리 많지는 않았던 것으로 보인다. 45쌍의 사례 가운데 남편이 아내보다 먼저 사망한 경우 28건(62.2%), 아내가 먼저 죽은 경우 15건(33.3%)인데, 남성의 아내사별률은 여성의 남편사별률에 비해 절반정도이다. 그럼에도 기혼남성의 재혼율은 높다. 233명의 남성 가운데 재혼자가 66명으로 사별률에 거의 육박하는 28.3%에 이른다. 재혼율은 후기로 갈수록 높아진다.

출세를 위해서는 조강지처를 버릴 수도 있다!

고려사회는 가문을 대단히 중요시하는 사회였기 때문

에, 좋은 가문출신은 정치적 진출에 퍽 유리한 입장을 갖게 된다. 가문은 본인의 것뿐만 아니라, 처가의 환경과도 큰 관련이 있다. 본인의 가문은 바꿀 수 없지만, 처의 가문은 혼인에 따라 선택의 여지가 있다. 이 때문에 일정한 지위에 오른 이들이 출세를 위해 조강지처를 버리고, 가문 좋은 집안, 재력있는 집안의 여자를 처로 다시 맞이하는 경우도 종종 있었던 모양이다.

13세기에 손변孫抃은 경상도 안찰부사로 나갔을 때, 조실부모한 남매간에 벌어진 유산문제에 대해 솔로몬과 같은 명판결을 내림으로써 유명해진 인물이다. 그는 성품이 강직하고 실무에 능했으며, 특히 송사를 신속 정확히 처리하여 부임하는 곳마다 명성이 자자했다.

그러나 그의 처가가 서얼이었기 때문에 선비라면 선망하는 청요직淸要職에는 오를 수 없었다. 이 때문에 남편의 출세에 지장이 있음을 염려한 그의 처는 손변에게 이렇게 권고했다.

"당신이 천한 나의 친정 탓으로 유림으로서 당당할 수 있는 청요직에 오르지 못하니, 차라리 나를 버리고 집안 좋은 가문에 재취하기 바랍니다."

이에 대해 손변은 다음과 같이 답했다.

"내가 벼슬을 얻기 위해 30년을 동서한 조강지처를 버린다는 것은 나로서는 차마 못할 일이요. 하물며 자식까지 있는데, 그럴 수는 없소."

손변은 그 후 추밀원 부사, 상서좌복야의 높은 자리에까지 올랐다. 이 이야기는 손변의 훌륭한 인품을 강조한 것이지만, 한편으로 그 시기에 출세를 위한 재혼이 있을 수 있는 일이었음을 암시하고 있다.

역시 13세기에 무인집정자 임연은 정치적인 이유로 나유의 장인을 죽이고 나유를 위협하여 이혼시키려 했다. 그러나 나유는 의리상 그럴 수 없다고 하며 이를 거절했다. 나유의 이혼 거절은 목숨을 건 일이었다.

얼마 뒤 임연정권은 무너지고 삼별초의 난이 일어났다. 이 때 많은 관리의 처들이 삼별초에 잡혀 강화도에서 진도로 가게 되었다. 나유의 처 역시 삼별초에 끌려갔는데, 졸지에 처를 잃은 많은 관리들이 개경에서 재혼했고, 나유 또한 재혼을 했다.

1년이 지난 뒤 진도의 삼별초정부가 무너지자 잡혀갔던 관리들의 처들이 귀환하게 되었다. 이 때 재혼한 관리들은 천신만고 끝에 돌아온 옛부인을 돌아보지 않았는데, 진도 공함전투에 직접 참여했던 나유는 맨 먼저 적군 속에 들어가 옛날의 부인을 찾아내 귀환한 뒤 처음과 같이 다시 부부로 살았다. 그 때문에 다른 사람들은 그를 의리가 바른 사람이라 칭찬했다는 것이다. 쉽게 재혼할 수 있었던 당시 관리들의 분위기를 짐작할 수 있다.

또 당시 초급장교인 대정 벼슬의 권수평은, 그가 왕실의 친위군인 견룡군에 들어가게 되자 친구들로부터 처를 버리고 재력있는 부잣집 딸과 재혼하여 장래를 기약하라는 권고를 받았다고 한다.

고려판 「접시꽃 당신」 ― 최루백과 염경애

남은 하루하루의 하늘은
끝없이 밀려오는 가득한 먹장구름입니다.
처음엔 접시꽃 같은 당신을 생각하며
무너지는 담벼락을 껴안은 듯
주체할 수 없는 신열로 떨려왔습니다

현대의 도종환 시인은 병으로 스러져가는 사랑하는 아내에 대한 간절한 연모의 정과 자신들에게 지워진 운명의 짐을 이렇게 표현했다. 그의 깊은 슬픔은 많은 사람에게 진한 감동으로 새겨졌는데, 시인의 시집 「접시꽃 당신」이 바로 그것이다.

시대를 거슬러 12세기 한림학사 최루백과 그의 아내 염경애의 이야기는 말하자면, '고려판 「접시꽃 당신」'이라 할 수 있다.

염경애는 한림학사 최루백의 처였다. 1146년(인종 24) 정월 28일 자택에서 향년 47세로 사망했는데, 25세에 시집와서 자녀 여섯을 낳고 최루백과 결혼생활 20여 년을 같이한 뒤였다. 최루백은 원래 효자로서 『고려사』의 효자열전에 오를 만큼 널리 알려진 인물이었다. 그가 나이 열다섯 되던 해 수원의 향리였던 그의 아버지가 호랑이에 물려죽자 도끼를 들고 쫓아가 문제의 호랑이를 쳐죽여 원수를 갚았다고 기록하고 있다.

그런 최루백이 아내가 세상을 뜨자 아내의 생애를 정리한 글을 묘지명으로 넣었다. 최루백은 사별한 아내를 이렇게 회고했다.

아내는 사람됨이 영롱하고 조심스럽고 정숙했으며 자못 문자를 알아 대의에 밝았고, 말씨와 용모, 일솜씨와 행동이 여느 사람보다 뛰어났습니다.

이는 도종환 시인의 아내에 대한 회고를 떠올리게 한다.

남루한 살림의 한구석을 같이 꾸려오는 동안
당신은 벌레 한 마리 함부로 죽일 줄 모르고
악한 얼굴 한 번 짓지 않으며 살려 했습니다.

최루백의 아내에 대한 칭찬은 우선 그녀의 효성에 대

염경애(廉瓊愛) 묘지명

한 것이었다. 아내는 시집오기 전에 부모를 잘 섬긴 것처럼 결혼 이후에도 힘써 어른의 뜻을 먼저 알고 그 뜻을 이어받으며, 돌아가신 시아버지의 제사를 극진히 모시고 시어머님을 효성껏 봉양하면서, 안팎 친척의 좋은 일, 언짢은 일 및 애경사에 마음을 함께 한 것에 대해 감사와 칭찬을 아끼지 않는다.

이어지는 아내 염경애에 대한 감사와 추모는 23년간 그의 관직생활을 수발하며 모든 어려움을 함께 한 데 대한 것이었다. 특히 전남 보성, 충북 충주에 외관으로 나갔을 때 함께 나가 고생한 일, 군사관련 업무를 맡았을 때의 내조 등이 그것이다.

그녀는 오직 남편의 입신과 발전만을 간절히 사모하고 자신을 희생한 여성이었다. 집안일로 인해 남편이 격정하지 않도록 각별히 주의했다. 그녀는 남편 최루백에게 자신의 마음을 이렇게 표현했다.

> 어느 날 당신이 궁전의 섬돌에 서서 폐하와 함께 시비를 쟁론하게 된다면, 비록 가시나무 비녀와 무명치마의 차림으로 삼태기를 이고 살아가게 되더라도 달게 여길 것입니다.
> "함께 묻히지 못함이 애통하도다"

부부 사이는 그 자체로서 반드시 행복이 약속되어 있지 않다. 때로 부부는 원수 이상의 관계가 되는 경우가 있음은 예니 지금이나 마찬가지이다. 고려 말 우왕 4년(1378) 이안인이라는 사람이 일종의 흉악범으로 체포되어 처형된 일이 있다.

이안인은 아내를 삭발시켜 자기 여종이라 속여 팔아넘길 계획이었다. 그러나 일이 뜻대로 되지 않자 처를 죽이려 했다. 이를 눈치 챈 처가 도망치자 다시 장인·장모에게 시비를 걸어 칼로 찌르려다가 도리어 체포되어 자신이 처형되었다.

부부는 원래 남남인 사람이 만난다. 그 부부 사이가 혈육인 자녀와의 사이보다도 더욱 가까운 한편 부부의 관계를 파기하면 언제든지 다시 남남으로 원위치할 수 있는 사이라는 점이 하나의 불가사의다. 그래서 부부 사이는 '무촌'인지도 모른다. 그것은 자녀와의 관계 이상의 '일심동체'를 의미하기도 하지만, 전혀 상관없는 '남남'이라는 의미일 수도 있다. 그러한 점에서 부부는 인간관계의 극과 극, 천국과 지옥, 하늘과 땅이 함께 공존하는 관계이다.

다시 돌아가서, 아내 염경애의 극진한 내조 덕분인지 최루백은 벼슬이 점차 올랐고, 그와 함께 부부는 많은 사람들로부터 인정을 받게 되었다. 그러나 호사다마랄까 아내 염경애는 다가오는 운명의 어두운 그림자를 무의식중에 예측했던 것 같다. 어느 날 문득 그녀는 남편 최루백에게 다음과 같이 말했다.

설사 불행하게도 뒷날 제가 천한 목숨을 거두게 되고, 당신은 후한 녹봉을 받아 모든 일이 뜻대로 되더라도, 제가 재주가 없었다 하지 마시고 가난을 막던 일일랑 잊지 말아주세요.

인종 24년(1146) 2월, 개성 북쪽 박혈의 서북편 산등성이에서 염경애는 화장되었다. 유골은 청량사에 모셨다가 3년 만인 인종 26년 8월 17일 인효원 동북에 장사되었다.

앞서 도종환 시인은 그의 시를 다음과 같이 끝맺고 있다.

옥수수 잎을 때리는 빗소리가 굵어집니다.
이제 또 한번의 저무는 밤을 어둠 속에서 지우지만
이 어둠이 다하고 새로운 새벽이 오는 순간까지
나는 당신의 손을 잡고 당신 곁에 영원히 있습니다.

마찬가지로 한림학사 최루백은 아내 염경애의 묘지명
을 다음과 같이 맺고 있다.

미쁨을 찾아 맹세하노니
그대를 감히 잊지 못하리라.
아직 함께 무덤에 묻히지 못하는 일
매우 애통하도다.
아들·딸들 있어 나르는 기러기떼 같으니
부함과 귀함이 대대로 창성할 것이라.

선인의 죽음이 악인의 죽음보다 빠르다는 것은 인생의
한 아이러니다. 그러나 선인의 죽음이 악인의 죽음보다 항
상 이른 것만은 아니라는 것도 사실이다.

윤용혁

남녀 사랑의 노래, 고려가요

누구나 한번쯤은 '가시리 가시리잇고'나 '살어리 살어
리랏다 청산에 살어리랏다' 하는 구절을 들어보았을 것이
다. 노래가사로만 생각해 무심코 지나쳐 버렸을 수도 있
다. 이것은 다름 아닌 고려가요의 대표적 작품으로 꼽히는
「가시리」와 「청산별곡」의 첫마디이다.

고려가요는 흔히 '남녀상열지사'로 간주되어 약간은
'미풍양속'과 거리가 있는 듯한 느낌도 준다. 하지만 그 속
에는 고려시대 민중들의 삶이 고스란히 담겨져 있다.

고려음악 속의 가요

고려음악의 특징 가운데 하나는 경기체가景幾體歌나 가
요와 같은 시가詩歌문학의 발달이다. 경기체가는 노래의 끝

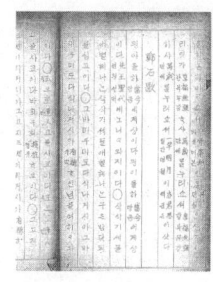

「악장가사」의
정석가(鄭石歌) 부분

『시용향악보』 풍입송

구절이 '경기하여景幾何如' 혹은 '경 긔엇더ᄒ니잇고'로 끝나는 데서 생겨난 이름이다. 대부분 한자어에다 향가 표기방식을 약간씩 가미한 것이다. 최초의 작품으로 알려진 「한림별곡」은 한림원의 여러 유학자들이 문인·명필·음악 등에 관해 함께 읊은 것이다. 이외에 관동지방의 명승고적을 노래한 안축의 「관동별곡」 등이 전해져 온다.

경기체가는 주로 사대부에 의해 지어진 상층의 문화라는 계층적 한계가 있다. 이에 비해 고려가요는 민요를 바탕으로 한 민중들의 노래로 속요俗謠라고도 한다. 또 경기체가와는 달리 대부분의 고려가요는 지어진 시기와 작자를 알 수 없다.

고려가요는 뛰어난 수사적 표현, 운율의 아름다움을 통해 서민적인 감정과 그들의 살아가는 모습 등을 노래한 작품이 많다. 가장 많은 비중을 차지한 주제는 남녀간의 사랑인데, 이 때문에 고려가요는 남녀상열지사男女相悅之詞로 비하되어 왔다. 하지만 때로는 궁중연회와 같은 공식석

상에서 불려지기도 했다. 이런 가요는 구전되어 오다가 조선시대에 들어와 문자화되어 『악장가사』나 『시용향악보』 등에 수록되어 오늘날에 전해지게 되었다.

사랑이 최고야

    인생 최고의 사건은 역시 사랑인가 보다. 고려가요의 주제로 가장 많이 다루어진 것은 남녀간의 애틋한 사랑이었다. 그 중 대표적인 「가시리」를 보자.

> 가시리 가시리잇고 나는 브리고 가시리잇고
> 나는 위 증즐가 대평성대
>
> 날러는 엇디 살라ᄒᆞ고 브리고 가시리잇고
> 나는 위 증즐가 대평성대
> ……
> 셜온님 보내ᄋᆞ나니 나는 가시는ᄃᆞᆺ 도셔오쇼셔

    가사를 보면 나를 버리고 떠나는 님에 대한 원망이 앞서 있다. 님이 가면 어떻게 살아야 할지 막막한 심정이다. 하지만 보내고 싶지 않은 님이 떠나는 서러움을 '가시는 듯 다시 오라'는 당부의 말로 승화시킨다. 지금은 보내지만 곧바로 돌아오기를 바라는 간절한 마음이 잘 녹아 있다.

「동동」은 1년 열두 달 계절의 변화와 님에 대한 그리움을 연결시켰다. 정월의 가사에서는 얼고 녹고 하면서 하나가 되는 시냇물을 바라보면서 님과 헤어져 홀로 지내는 자신의 외로움을 대비시켰다. 「가시리」와 마찬가지로 연인에 대한 그리움이 절절하다.

이어지는 2월·3월의 가사에서 님은 많은 사람을 비추는 등불처럼 밝고 거룩한 존재이며, 진달래꽃같이 아름답고 화려한 대상으로 묘사되고 있다. 자신이 사모하는 님은 이처럼 존귀하고 위대한 존재라 남들이 부러워할 대상이라고 고백하고 있다. 님에 대한 자랑 또한 만만치 않다.

「가시리」나 「동동」에서 드러나는 애정표현은 상당히 점잖은 편이다. 이에 비해 「만전춘」과 「쌍화점」은 그야말로 남녀상열지사의 전형적인 노래이다. 다음은 「만전춘」의 한 대목이다.

어름우희 댓닙자리 보와 님과 나와 어러주글만뎡
어름우희 댓닙자리 보와 님과 나와 어러주글만뎡
정 둔 오눐밤 더듸 새오시라 더듸 새오시라

차디찬 얼음 위에 자리를 깔고 자면서 님과 내가 얼어

죽는 한이 있더라도 정 깊은 오늘밤이 더디 새기만을 소원하는 내용이다. 님과 함께라면 모든 걸 감내하리라는 절절한 고백이다. 동짓날 홀로 보내는 긴 밤이 아까워 그 밤을 장롱 깊이 넣었다가 님이 오시면 펴고 싶다고 노래한 황진이의 심정도 이와 비슷하지 않았을까.

하지만 「만전춘」의 강렬하면서도 직설적인 사랑 표현은 아직 낯이 붉어지는 정도는 아니다. 「쌍화점」의 가사는 다분히 외설적이고 노골적이다.

> 쌍화점에 쌍화사라 가고신댄
> 회회아비 내손모글 주여이다

로 시작되는 「쌍화점」은 가게에 떡 사러 온 여인과 그녀의 손목을 잡은 회회아비(서역인)와의 사랑 이야기다. 그런데 주인공은 그 날 이후로 쌍화가게에 들락날락하며 애정행각을 벌인다. 자신들의 행동을 눈치챈 광대가 혹 소문을 내지 않을까 염려하는 마음에 몸둘 바를 모르면서도 또 밤을 보내고 온다.

이렇게 자신은 사랑놀음을 끊지 못하면서도 남자와의 사귐이 그다지 상큼하지는 못하다는 말로 제3자를 경계하고 있다. 따라서 「쌍화점」은 당시 풍기문란이 매우 심각한 상태였음을 반영한다고 볼 수도 있다.

고려가요에는 유난히 여자 손목을 잡는 내용이 많다. 삼장사에 정성을 드리러간 여인의 손목을 잡은 절의 주지, 우물에 물 길러간 여인의 손목을 잡은 우물 속의 용, 술 사러간 여인의 손목을 잡은 술집아비 등이 소재가 된 가요도 전해진다.

　　특히 불공을 드리러온 여인을 농락한 절의 주지는 곧 불교계의 부패상을 짐작게 한다. 이들 가요는 모두 이러저러한 이유로 손목을 잡히는 여인이 등장함으로써 이채로운데, 소재의 유사성 때문에 쌍화점의 일부가 아니었을까 하는 견해도 있다.

고달픈 삶을 노래로

　　우리는 때로 이 힘겨운 세상을 등지고 어디론가 떠나버리고 싶을 때가 있다. 고려사람들 역시 마찬가지로 절박한 심정을 노래했다. '살어리살어리 살어리랏다 청산에 살어리랏다'로 시작되는 「청산별곡」에는 삶의 고단한 모습이 잘 나타나 있다. 농사를 지어먹고 살기가 너무 힘들어 차라리 머루와 다래를 따먹으면서 자연 속에서 살고자 하는 속세인의 심경을 토로했다.

우러라 우러라 새여 자고니러 우러라 새여
널라와 시름한 나도 자고니러 우니노라

매일 울며 사는 새보다 자신이 더 시름이 많다며 슬퍼
하고 있다. 혼탁한 속세와 대비되는 청산은 속세를 도피한
사람의 정신적인 위안을 상징할 수도 있다. 그리고 '얄리얄
리 얄라셩 얄라리 얄라'의 후렴구를 '아리랑 아리랑 아라리
요'와 관련시키는 연구자도 있다. 우리 민요의 전개·발전
과정에서 고려가요의 위치를 짐작케 한다.

「동동」은 앞서 본 바와 같이 님에 대한 사랑이 잘 드러
난 작품이다. 아울러 우리의 전통적인 세시풍습이 잘 나타
나 있다. 「동동」의 첫 악장은 신령님 혹은 왕에게 복과 덕
을 바치는 내용이다. 이후 2악장부터는 정월에서 섣달까지
계절의 변화와 절기를 맞을 때마다 님이 생각난다는 사연
으로 이루어졌다.

수릿날(단오)·백중·가배(한가위)·중양절(9월 9일)과 같은
명절을 맞이할수록 이별의 슬픔이 더욱 뼈에 사무침을 노
래하고 있다. 이처럼 계절의 순환이 정서적 변화와 밀접하
게 연결되는 점, 보름을 숭상하는 관습 등은 농경문화의 토
양 속에서 민간가요가 성장했음을 구체적으로 보여준다.

한편 「처용가」에서는 주술적인 풍습의 일면이 엿보인
다. 고려가요 「처용가」는 신라향가 「처용가」에서 비롯했

다. 「처용가」는 잘 알려진 바와 같이 자신의 아내와 불륜행위를 한 액신(재앙을 가져온다고 하는 나쁜 신)을 발견하고 물러나오면서 부른 노래이다.

너그러운 처용에게 감복한 액신은 처용의 얼굴 그림만 보여도 그곳에는 절대 들어가지 않겠다는 맹세를 했다. 여기에서 대문 앞에 처용의 얼굴을 그려 붙여 사악함을 물리치고 경사스러움을 집안에 들이는 풍습이 생겨났다.

고려가요 「처용가」는 처용의 모습을 머리부터 발끝까지 묘사하고 그에 대한 존경을 표현했다. 이 역시 사특하고 악한 것을 물리치고자 하는 벽사신앙(辟邪信仰)의 전통이 신라로부터 고려까지 꾸준히 이어져오고 있음을 잘 보여준다. 이 외에 어머니를 그리는 「사모곡」, 지조를 주제로 한 「정석가」 등도 전해져 온다.

유행가에 대중적인 정서가 잘 담겨져 있듯이 고려사람들의 희로애락은 고려가요 속에 여전히 살아 있다. 조선시대의 사대부들은 '남녀상열지사'라고 얼굴을 붉혔다지만, 남녀간의 사랑만큼 인생에서 애절한 것도 없다. 오히려 적극적이고 당당한 애정표현으로 이해해야 하지 않을까. 아울러 고려가요에는 사랑 말고도 인생의 여러 모습이 투영되어 있다는 점 또한 간과해서는 안될 것이다.

김난옥

문학에도 새 바람이
설화·가전체 문학

어려움 속에서도 희망은 싹트고, 고난을 극복하는 과정에서 새로운 길이 나타나기도 한다. 고려 의종대에 발생한 무신란은 정치의 중심이 문신에서 무신으로 넘어가는 전환점이 되었다. 무신정권으로부터 우호적인 대우를 받은 문신도 꽤 있었지만, 많은 문신들이 살상되거나 핍박을 받았다.

문사文士들은 나름대로 각박한 현실을 헤쳐나갔다. 아예 시골로 내려가버리거나 산에 들어가 세상을 등지고 은둔하기도 했지만 더러는 정계진출을 위해 적극적으로 노력하기도 했다. 그러나 벼슬살이가 목표였던 문사들은 대부분 자신들의 소망을 이루지 못한 채 불우한 처지를 한탄하며 살아갈 수밖에 없었다. 이처럼 무신정권의 확립은 이들의 활동에 족쇄를 채운 것과 같았다. 하지만 그런 가운데서도 새로운 경향이 나타났다. 설화문학과 가전체문학이 그것이다.

한가로움을 깨뜨리면서

설화문학의 효시는 문종대에 박인량이 지은 『수이전』이지만, 무신정권 때 이르러 새로운 문학 장르로 자리잡기 시작했다. 한가로움을 깨뜨린다는 뜻의 『파한집』과 이 책을 보충한다는 의미의 『보한집』『속파한집』은 본격적으로 설화문학의 유행을 가져온 작품이다.

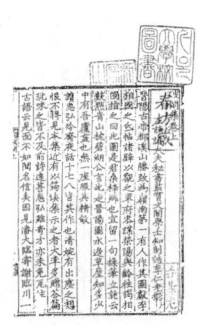

『파한집』

『파한집』을 지은 이인로는 고려시대 대표적 귀족가문인 경원이씨 출신이었다. 그도 한때는 무신정권의 압박을 피해 머리를 깎고 중이 되었다가 세상이 어느 정도 안정되자 환속했는데, 과거에 장원급제한 이후로 이름을 떨치게 되었다. 그는 문학적 명성이 높던 임춘·오세재 등 7인과 함께 지금의 문학동호회와 유사한 죽림고회竹林高會를 결성하여 시와 노래를 읊고 술도 마시면서 유유자적했다. 그러나 격변기의 체험은 작품활동에 적잖은 기반이 되었을 것이다.

한가로움이나 깨뜨린다는 제목과는 달리 『파한집』은 다양한 주제를 다루고 있다. 그 가운데 절반은 시에 대한 평론으로 우리나라 최초의 시화집詩話集으로 평가되고 있다. 시인이나 시구詩句의 품평을 뺀 나머지는 일화·재담·풍습 등에 관한 내용이다.

여러 왕과 신하들에 관한 일화는 그들의 성격·재능·문장의 수준뿐만 아니라 정치적 상황도 짐작케 한다. 예를 들면, 예종은 타고난 성품이 학문을 좋아했는데, 청연각을 열어 여러 문신들과 더불어 고전을 공부했다는 일화가 나온다. 이처럼 당시를 이해할 수 있는 실마리를 풀어주는 사례가 꽤 많다.

해학적인 느낌을 주는 재담도 눈에 띈다. 손님을 접대할 술이 없었던 어떤 가난한 선비가 부유한 중에게 술을 부탁했다. 그러자 중은 불룩한 술통에 샘물을 가득 담아보냈다. 선비는 중의 농간에 화를 내는 대신 시 한 수를 적어보냈다.

돌을 호랑이로 착각하여 화살을 날린 사냥꾼, 고깃집 앞에서 입을 크게 벌리고 먹는 시늉을 하며 즐거워한 가난한 선비의 고사에 비유해 자신의 심경을 넌지시 전달한 것이었다. 결국 중은 맛좋은 술을 보내 시에 화답했다.

화랑의 유래도 찾을 수 있다. 신라의 옛풍속에 풍채가 아름다운 남자를 가려뽑아 아름답게 장식하여 화랑으로 받들었다고 설명하고 있다. 이 밖에 개경·서경의 풍물과 지리산의 경치 등을 묘사한 대목도 눈에 띈다.

『보한집』은 고종 때 최자가 시와 문인들에 대해 엮은 평론집으로, 당시 실권자인 최우의 명령으로 지어졌다. 최자는 고려 최대 문벌의 하나인 해주최씨 최충의 후예인데, 일찍이 이규보로부터 문학적 재능을 인정받아 정계에 추천된 인물이었다. 좋은 시는 선천적 자질과 후천적 소양과의 조화에서 이루어진다는 시관詩觀을 가졌던 최자는 시의 풍격風格과 우열을 여러 등급으로 나누었다. 그의 시와 문인에 대한 비평은 쉽게 이해하기 어려운 점이 있으나, 당시의 일화·설화 등은 오히려 친근감 있게 다가온다. '노승과 호랑이'·'오수' 등 잘 알려진 재미난 설화를 담고 있다.

앞의 이야기는 변산에 사는 늙은 중이 범상치 않은 소년을 만나 우연히 따라가 보니 인간으로 변한 호랑이였다는 설화이다. 그런데 때마침 호랑이 무리가 벌을 받게 되자, 소년이 대신 벌을 받겠다고 자청하고서 노승의 창으로 자살했다. 그 뒤 이 호랑이는 사람으로 태어나 노승의 제자가 되었다고 한다. 신라시대에도 이와 비슷한 설화가 있다. 우리나라 설화의 변형 내지 전승을 보여주는 예라고

『보한집』

하겠다.

오수는 '은혜 갚은 개' 등의 제목을 가진 전래동화로 잘 알려진 설화이다.

김개인이란 사람이 개를 길렀는데, 그는 그를 끔찍이 사랑했다. 어느 날 그가 술에 취해 길바닥에 누워 자는데, 들판의 불길이 점차 번져오고 있었다. 개는 옆에 있는 개울물에 몸을 담갔다가 주인이 누워 있는 주변의 풀을 적심으로써 불길이 주인에게 닿는 것을 막았다. 하지만 너무 지쳐 결국 죽고 말았다. 깨어난 뒤 개의 충정에 감동한 그는 개무덤을 만들고 슬픈 마음을 지팡이에 적어 꽂아두었다. 나중에 그 지팡이가 나무가 되었으므로 그것을 오수獒樹라고 부르게 되었다.

이 설화 속의 개는 물을 듬뿍 품을 수 있는 털이 복슬복슬한 삽살개가 아니었을까?

훗날 어떤 이가 개도 주인을 위해 죽는데, 사람이 주인을 위해 죽지 않는다면 개보다 나을 것이 없다는 내용의 시를 지었다. 그러자 당시 집권자 최우는 이 이야기를 널리 알리게 했다. 자기가 베푼 은혜에 부하들이 견마지로犬馬之勞를 다할 것을 바라는 속셈에서였다.

그리고 낙성대의 유래에 대해서도 나온다. 어떤 사신이 큰 별이 민가에 떨어지는 것을 보고 찾아갔더니, 그 집안주인이 우람한 아들을 낳았다. 사신은 이를 기이하게 여겨 그 아이를 데려다 길렀는데, 그가 바로 강감찬이라는 설화이다.

이규보의 『백운소설』도 설화문학의 일종으로 간주된다. 다만 현재 전해 오는 『백운소설』에는 시화詩話만 있고 이야기가 없어 도중에 잃어버린 것이 아닐까 추측하기도 한다.

이규보는 여러 인물들의 시를 나름대로 논평하고 있는데, 김부식이 정지상의 시 구절을 탐낸 일화가 유명하다. 김부식은 '사찰에 범어 그치니 하늘빛이 유리처럼 맑다'는 시구가 너무 마음에 들어 자기 것으로 하려다 실패했다. 그런데 『백운소설』에서는 '묘청의 난' 때 그가 정지상을 살해한 일과 연관시키고 있다. 억울하게 죽은 정지상의 원혼을 위로하는 뜻이라고 생각된다.

어쨌든 시화 속에서도 정치적 상황 등을 유추해 볼 수 있다는 점 역시 설화문학이 가지는 의미라 하겠다.

사물에 빗대어 세상을 풍자하다

때로는 직설적인 화법보다 간접적인 표현이 더 의미심

장한 느낌을 줄 수도 있다. 가전체 문학의 의인화 기법이 바로 그 하나이다. 가전체 문학은 어떤 사물을 사람에 비유하여 사회를 풍자하는 것으로 넓은 의미에서는 설화문학에 속한다.

대표적인 작품으로는 임춘의 「국순전」과 「공방전」, 이규보의 「국선생전」, 이곡의 「죽부인전」 등이 있다. 「국순전」과 「국선생전」은 술, 「공방전」은 돈을 의인화한 것이며, 「죽부인전」은 여름날 더울 때 끼고 자는 죽부인이 소재이다. 이들 가전체 문학작품은 짧은 분량이지만 그 속에 사회적 병폐를 비판하는 날카로운 시각이 잘 드러나 있다.

「공방전」의 주인공은 성질이 탐욕스럽고 염치가 없으며 이자놀이를 좋아하는 인물이다. 이런 까닭에 백성들과 조그마한 이익을 가지고 다투며 곡식을 천하게 여기고 돈만 중하게 여겼다. 게다가 교묘하게 세력있고 높은 신분의 사람만 사귀면서 위세를 부리고 벼슬을 사고파는 비행도 서슴지 않았다. 그리하여 많은 사대부들이 절개를 꺾고 공방을 섬기기에 이르렀으며, 사람을 사귀는 척도가 인격이 아니라 재산이 얼마나 많은지에 의해 좌우되는 풍조가 만연되었다는 이야기다.

결국 「공방전」은 돈, 즉 경제적 부유함이 우선순위의 첫번째가 되는 당시 사회의 부조리한 측면을 꼬집고 있는 것이다.

「죽부인전」의 주인공 죽부인의 성씨는 대나무로서 왕대나무의 딸이다. 그 조상은 작은 대나무로부터 시작되었는데, 제기祭器·피리·생황[대나무로 만든 관악기]처럼 예악에 쓰이기도 하고 사관史官의 직임을 맡기도 했다. 이는 곧 대나무가 악기나 역사를 기록하는 죽간의 재료가 되었음을 뜻한다.

죽부인은 어려서부터 정숙했다. 어느 날 이웃에 사는 한 남자가 음란한 글을 지어 보내자 부인은 노해 "남녀가 비록 다르나 절개는 하나다. 한번 사람에게 꺾이면 어찌 세상에 다시 살겠는가?" 했다. 절개의 상징인 대나무의 특성을 말함이리라.

부인은 장성하여 송공松公[소나무]이 예를 갖춰 청혼하자 드디어 부부의 인연을 맺었다. 부인은 성품이 곧으면서도 일을 분별할 때는 칼날처럼 민첩했다. 그런데 뒤늦게 신선술을 배운 남편 소나무가 산 속에서 노닐다가 돌로 변해 돌아오지 않았다. 혼자 살게 된 부인은 마음이 흔들흔들하여 지탱하지 못하고 술을 즐기게 되었다. 결국 병을 얻은 이후에는 사람에 의지하여 지금처럼 죽부인으로 살게 되었다.

이처럼 대나무는 절개와 의리를 상징하며, 음악과 역사와도 불가분의 관계에 놓여 있다. 따라서 「죽부인전」은 점점 찾기 어려워지는, 대나무처럼 올곧은 선비를 그리워

하는 마음을 바탕에 깔고 있다고 생각된다.

약이 되는 술, 독이 되는 술

「국순전」과 「국선생전」은 공통적으로 술이 소재다. 「국순전」은 술과 관련된 여러 사물을 친척관계로 설정하고 있다. 국순의 90대 조상은 보리인데, 농업의 신인 후직을 도와 백성을 먹여 살린 인물이다. 임금을 따라 환구_{圜丘 천자가}
동지에 하늘에 제사지내는 곳에 제사지낸 공으로 중산후에 책봉되고 국씨를 하사받았다. 중산후는 한번 마시면 1천 일 동안이나 취한다는 중산주에서 따온 듯하다.

또 성인의 덕이 있다고 추앙받는 주라는 인물도 등장한다. 그 아들인 순 역시 도량과 그릇이 크고 넓었다. 주와 순은 모두 진한 술을 뜻한다. 임금과 신하가 회의할 때는 반드시 순으로 하여금 술을 따르게 했으며, 순 또한 귀신과 종묘에 제사 지내기를 강력히 주장했다.

이는 국가의례에 술이 꼭 필요하다고 인식하고 있었음을 잘 보여준다. 따라서 「국순전」은 술의 재료와 이름 등을 적절히 엮어 옛날부터 술이 수많은 사람들에게 사랑을 받아온 내력과 주요 제사에 꼭 등장하는 이치를 의인화하여 서술한 것이다.

하지만 임춘은 술의 이로움만 말한 것은 아니었다. 순은 자신이 지닌 지혜로써 임금의 과오를 바로잡고 잘못을 고치지 못했다고 비난했다. 왕실이 혼란하여 엎어져도 구하지 못한 책임을 순에게 돌린 것이다. 술이 가지는 제약을 지적한 것이 아닐까 한다.

술에 관한 한 이규보는 누구에게도 뒤질 수 없는 사람이었다. 그는 거문고·시·술 세 가지를 지독히 즐긴다는 뜻으로 삼혹호선생三酷好先生이라 자처했는데, 으뜸은 단연 술이었다. 이규보의 시에는 좋은 술을 마셔 즐겁다, 술이 없어 서운하다, 술대접을 받아 기분이 좋다 등등 술에 관한 이야기가 무척 많이 나온다.

「국선생전」은 이와 같은 술 애호가의 결정판이라고 하겠다. 국선생의 이름은 곤드레이고 샘물이 술맛 같은 고을인 주천酒泉 마을 출신이다. 할아버지는 보리이며 아버지는 흰 술로 곡식의 딸과 결혼하여 국선생을 낳았다. 국선생은 성품이 온순하고 친근하여 임금과 더불어 조금도 거스름이 없으므로 더욱 사랑을 받아 잔치에 노닐었다.

이 가족들의 이름 또한 재미있다. 국선생의 아들은 혹·폭·역으로 독한 술, 진한 술을 의미한다. 또한 동생은 약주이며 그의 아들은 국화주·막걸리·과일주 등이다.

「국선생전」은 등장인물이 온통 술로 뒤얽혀 있어 이규

보가 그야말로 술지상주의자였나 의심이 들기도 한다. 하지만 술이 마냥 좋은 것만은 아니라는 경계를 잊지 않았다. 혹·폭·역은 아버지의 총애를 받고 방자하게 굴다가 탄핵을 받기에 이르렀다. 아들들은 결국 모두 독이 든 술을 마시고 자살했고, 국선생 역시 폐직되어 서인으로 강등되었다. 익살스러움으로 임금의 사랑을 받았던 술항아리는 국선생과 친분이 두터웠기 때문에 수레에서 떨어져 자살했다.

뒤에 국선생은 난중에 공을 세웠으나 영화를 꿈꾸지 않고 조용히 일생을 마쳐 사관史官으로부터 거의 성스러움에 가깝다는 칭송을 듣기에 이르렀다. 잘 마시면 보약이요, 잘못 쓰면 독이 되는 술에 대한 의미심장한 서술이라 하겠다.

설화문학과 가전체 문학은 무신정권 시기에 유행한 새로운 양식이었다. 『파한집』·『보한집』은 시 평론집으로서 가치가 높다. 아울러 그 속에 담겨 있는 설화·일화·재담·전통풍속 등 다양한 내용은 고려의 사회상을 이해하는 데 많은 도움을 준다.

사물을 의인화하여 세상의 부조리·폐단을 풍자한 가전체 문학 역시 사회상을 잘 드러내고 있다. 다만 문사들의 의식구조에는 꽤 차이가 있었다. 무신정권에 대해 비판적인 시각을 드러내기도 하고, 그에 영합하는 태도를 취하기도 했다. 후자의 경우 작품 속에서 정권을 옹호하는 등 한 계성을 드러내기도 했다.

김난옥

중국문자로 발휘한 고려 고유의 끼

한문학漢文學은 한자가 도입된 이래 지금까지 한자로 기록된 문학을 망라하는 것이다. 그러나 한자의 본고장인 중국에서는 한대漢代의 문학만을 한문이라 하고, 같은 시기 유학에 기초한 학문을 한학漢學이라 하여 다른 시기의 그것과 구별해 호칭하고 있다.

우리나라에서는 통시대적으로 사용하는 용어를 중국에서는 특정시기에 한정하고 있는 것이다. 중국인의 입장에서는 조금 이상할지 모르지만, 굳이 한문학이라고 표현하는 것은 중국의 문자인 한자가 유입된 것이 한대였을 뿐 아니라 일반적으로 한자문화권인 한국·일본 등에서 중국적인 것에는 접두어로 '한漢' 을 붙일 만큼, 한대가 중국문화의 상징성을 가졌기 때문이다.

고려시대의 한문학은 중국의 한자와 문학형식을 빌려 우리의 정서와 사상을 표현한 문학으로 한정한다. 그러므로 한자를 단지 우리말의 기록수단으로 삼았던 우리 고유

문학과, 인간의 감정이 들어 있지 않은 호적자료 등 단순기록물은 제외된다. 따라서 이 글에서는 절구絕句[4구로 이루어지는 최소의 시 형식으로서, 한 구의 자수가 5자인 오언절구와 7자인 칠언절구 두 종류가 있음 등 운문으로서의 한시와 찬讚남의 아름다운 행적을 기리는 글·설說구체적인 사물에 관하여 자기의 의견을 서술하면서, 사리를 설명해 나가는 문장 등 산문으로 구분한다.

신라의 전통과 과거제로 꽃피운 고려의 한문학

고려시대의 한문학은 양적으로나 질적으로 그 이전 삼국시대나 남북국시대와는 비교할 수 없을 만큼 발전했다. 한자 사용자가 늘면서 자연스럽게 한문학 작품이 늘었으며, 그 가운데 중국과 견줄 만한 뛰어난 작품과 작가가 나타났다. 그러한 배경으로 우수했던 신라 한문학 전통의 계승과 고려 광종대 과거제도의 실시 등을 들 수 있다.

우리나라에 한자가 도입된 뒤로 지배계층에서는 국내의 통치와 외국과의 교류를 위해 문장에 능한 사람을 양성했지만, 국내에서의 교육이었기 때문에 한계가 있었다.

그러다가 신라 말기에 6두품은 당나라에 유학하여 한문학의 본고장에서 체계적인 수업을 받았고, 일부는 현지에서 과거에 급제하여 벼슬할 만큼의 수준에 이르렀다. 이들은 고국으로 귀국한 뒤 당나라에서 쌓은 실력을 바탕으로 훌륭한 작품을 내놓았는데, 국내 한문학의 수준을 한 단계 높이는 계기가 되었다. 그 가운데 『계원필경桂苑筆耕』을 남긴 최치원은 한시와 산문의 다양한 형식에 모두 뛰어나 훌륭한 작품을 많이 지었는데, 그것은 고려 전기 한문학의 전범典範이 되었다.

한편 고려시대의 과거제는 학업에 정진하여 학문이 우수한 자에게 벼슬할 기회를 주는 제도인데, 여러 분야 가운데 문장을 짓는 능력을 시험하는 제술업이 가장 중요한 시험이었다. 대부분의 응시생들은 제술업에 합격하기 위해 고시과목을 중심으로 공부했다.

제술업에 급제하기 위해서는 자기 출신지역에서 치러지는 향시鄕試에서 오언육운시五言六韻詩, 본고시의 예비단계인 국자감시에서 6운시·부賦와 10운시 등의 과목을 시험 봐야 했다.

본고시인 예부시에서는 『예경』 등의 경학과 시·부·송 등의 문예, 시무책·책문·대책 등의 작문이 포함되었다. 전체적으로 볼 때 경전에 대한 소양과 한시를 짓는 능력 및 정사에 대한 해결책을 제시하는 문장을 짓는 능력을 요구했다.

이에는 문학적 창의성이 필요한데, 실제로는 시의 경

우 공령시功令詩과거에서 요구하는 정해진 형식의 시였고, 산문은 과문육체科文六體과거 서술에 사용되는 사륙문 형식의 글라 하여 일정한 공식에 고사를 대입하는 등 형식에 치우쳤다. 따라서 과거 응시생들의 문장이 성조聲調와 운율에 구속되어 창의적인 시가 되지 못한다는 점을 비꼬아 '배우지설俳優之說'이란 말이 나오기도 했던 것이다.

그럼에도 불구하고 과거제도의 실시에 따라 응시생들은 급제를 위한 방편으로 시험과목인 한시와 문장짓기 훈련을 반복했으므로 자연스럽게 개별적인 한문학 실력이 늘게 마련이었다. 이것이 나아가 사회 전반에 걸쳐 한문학을 진흥시키는 요인이 되었음은 분명하다.

우리 민족의 정서를 한시로 나타내다

고려시대에 한문학은 중국을 모방하던 단계에서 벗어나 독창적인 작품을 내놓기 시작했다. 고려의 문인들은 문자와 형식에서는 중국의 것을 받아들였지만, 이를 통해 자신들의 정서를 자유롭게 표현할 수 있었다. 특히 한시는 우리말과 어법이 다른 데다 글자수가 정해져 있으며 성운을 지켜야 하는데, 이러한 어려움 속에서도 자기의 감정을 절묘하게 나타내는 창작시를 짓는 능력을 갖춘 대가들이 적지 않게 배출되었다.

그렇다면 고려사람이 한시를 짓는 일은 얼마나 어려운 것인지에 대해 『백운소설』·『파한집』·『보한집』 등에 실린 논평과 담론의 글을 통해 알아보자. 이 글에서 공통적으로 언급하는, 훌륭한 시를 판단하는 기준은 대체로 다음의 네 가지이다.

첫째로 시체詩體이다. 시경체·두보체 등은 시경이나 두보를 본받는 것을 뜻하는데, 이처럼 처음 시를 배울 때는 선인들의 시를 놓고 흉내내는 것으로부터 시작한다. 그래서 어느 정도 경지에 이르면 '도연명의 시에 가깝다'·'두보 시에 견줄 만하다'·'동파시와 닮았다'는 평가를 받게 되며, 더 나아가 창작성이 발현됨으로써 개성적인 시세계를 구축하는 지경에 이른다.

둘째로 시형詩型·시법詩法·시격詩格이다. 한시의 경우 초기에는 사상과 감정을 꾸밈없이 표현했으나 시간이 지날수록 틀과 기법의 구애를 받게 되었다. 오언형·칠언형 등 한 구절에 표현할 수 있는 글자의 수가 정해지기도 하고, 짝수 구절의 끝자에 운자韻字를 맞춰넣기도 한다. 이렇게 까다로운 틀을 잘 지키는지의 여부는 평가에서 중요한 요소인데, 언어 습성이 중국과 다른 우리나라 시인들에게는 가장 힘든 것 가운데 하나이다.

셋째로 시어詩語이다. 한시는 단순히 형식에 맞추어 단어만 나열한다고 되는 것이 아니다. 기발한 신어 사용은 물론 옛것을 적절하게 원용하고 재치있는 비유나 상징적인 어구를 구사하여 극적인 효과를 노릴 수 있어야 한다. 한자는 같은 뜻의 글자가 많기 때문에 어떤 것을 골라 넣느냐에 따라 시의 맛이 달라지는데, 만약 훌륭한 시어를 골라내면 찬사를 받는다.

넷째로 시품詩品이다. 여러 가지 복잡한 형식을 터득한 다음 그 속에 작가의 시혼을 담은 한 편의 시가 이루어질 때, 그 시는 비로소 품격을 갖게 된다.

시체·시형·시어·시품은 각각 한시를 배워나가는 과정이다. 남의 시를 흉내내면서 시의 형식을 알게 되고, 이어 훌륭한 시어를 찾아내며 마침내는 자신의 혼을 집어넣기에 이른다. 따라서 시를 짓는다는 것은 비록 한자를 능숙하게 사용한다고 해도 한자의 성조까지 외워야 하기에 힘든 일이며, 게다가 고려사람들은 말과 글자가 달랐기 때문에 더욱 어려웠다.

그러나 지배계층은 관인으로서 필요한 교양으로 시 짓기를 배움으로써 자기의 감정을 한시로 나타내는 데 그리 어려움을 겪지 않았다. 남이 지은 시의 운자를 따서 시를 짓고次韻, 한시를 읊고 한시로 화답하고, 남이 지은 시를 보고 덧붙여 시를 짓는 일은 흔히 볼 수 있었다. 그런 가운데 우리 정서를 훌륭하게 표현한 한시 명작이 나오고, 걸출한 시품을 갖춘 시인이 배출되었다.

이와 같이 무신정권 때 시에 대한 비평이 나왔다는 것은 그만큼 고려의 시가 양적으로 늘어나고 질적으로 발전하여 중국의 영향을 벗어나 새로운 길을 모색하고 있었다는 증거이다.

한편 시에 대한 경향을 볼 때, 고려 초기에는 시인으로 두보를 추앙했으며, 시풍으로는 정서를 진솔하게 표현하기보다는 화려하게 수식하는 만당풍晩唐風[당나라 말기의 양식]이 유행했다. 이에 대한 반성으로서 예종대 이후에는 고문古文에 기초한 송나라 시풍이 대두되었는데, 그 열기는 송나라의 문장가 소식蘇軾과 소철蘇轍의 이름을 딴 김부식金富軾과 김부철金富轍 형제의 사례를 통해서도 알 수 있다. 이후 한시의 경향은 송시풍宋詩風으로 바뀌어 고려 말기까지 지속되었다.

창작의 영역이 넓어지다

신라 말에는 최치원을 비롯한 문사들이 여러 분야에서 수준 높은 글을 다수 남겼다. 고려시대에는 한문학 향유

계층이 한층 더 확대됨으로써 창작 영역 또한 더욱 확대되었다. 운문으로는 오언절구·배율 이외에도 사辭·부賦와 악부樂府를 짓는 일이 많아졌다.

사는 우수와 격정 같은 감정을 중국 남방가요의 아름다운 형식을 빌려 표현하는 서정적인 작품을 말한다. 도연명의 「귀거래사歸去來辭」에 대한 화운和韻으로 이인로가 지은 「화귀거래사」를 필두로 하여, 고려 말기에는 굴원의 「초사楚辭」에 영향을 받은 이색의 「유수사流水辭」와 「산중사山中辭」·「동방사東方辭」가 나왔다. 정몽주의 「사미인사思美人辭」에는 호방함이 있고, 이숭인의 「애추석사哀秋夕辭」에는 아름다우면서도 슬픈 기운이 스며 있다.

부는 독특하고 웅대한 사건·사물들을 아름답고 멋지게 표현하려고 애쓴 서사적 작품인데, 운율을 가지고 있지만 산문적인 요소가 강하다. 김부식의 「아계부啞雞賦」는 「중니봉부仲尼鳳賦」와 더불어 우리 문학사상 최초의 부로서, 새벽을 알리는 구실을 하는 닭이 때가 되어도 울지 못하고 벙어리 노릇을 하는 세태를 슬퍼한 작품인데, 비록 단편이지만 대가의 풍모를 드러내고 있다.

이규보는 「외부畏賦」·「몽비부夢悲賦」 등 6편의 걸작을 남겼다. 이인로의 「옥당부」는 옥당에 있는 잣나무에 자기의 고상한 취향과 멋진 문장을 비유한 것이며, 이색의 「관어대부觀魚臺賦」는 명작인 적벽부와 비슷하다는 논평을 받은 수작이다. 최자의 「삼도부三都賦」와 이인로의 「홍도정부紅桃井賦」가 당시에 쌍벽을 이루었다.

악부는 원래 음악을 맡아보던 관청 이름이었으나 거기서 채집·보존한 악장과 가사 및 그 작품의 뜻으로 바뀌었다. 고려에서는 크게 속악과 사詞로 나누어 살필 수 있다.

속악의 대표적인 작품은 「한림별곡翰林別曲」으로 중국과 다른 독특한 체재를 지녀 경기체가라 불리는 별곡체의 원형이 되었으며, 이어 「관동별곡」 등이 이 형식을 따라 만들어졌다. 그런데 경기체가는 그 형식이 전대절前大節과 후소절後小節의 분절체分節體 형식을 띠고 있어 향가에서 연원을 찾아야 한다는 주장이 있기도 하다.

악부는 정통 형식을 따랐는데, 이제현의 소악부小樂府는 구구절절 글자마다 음률에 맞았다고 한다. 그는 당나라 말기부터 유행하던 서정시의 한 형식인 사詞에도 능하여 이전 이규보의 수준을 뛰어넘는 좋은 작품을 남겼다. 이제현이 형식적으로도 매우 어려운 악부와 사를 잘 지을 수 있었던 것은 오랫동안 중국에 체류하면서 중국음률에 능통했기 때문이었다.

산문에서도 많은 변화와 발전이 있었다. 고려시대에는 전대와 비교할 수 없을 만큼 다양한 형식의 글이 많이 나옴으로써 한문학의 거의 모든 영역에서 창작이 이루어졌다. 이러한 사실은 고려시대에 한문학을 향유할 수 있는 계층의 폭이 확대되었으며, 이들은 형식에 구애받지 않고 자유롭게 한문을 서술할 능력을 갖추고 있었음을 뜻한다. 전반적인 한문학 수준 역시 신라와는 비교할 수 없을 정도로 비약적인 발전이 있었다.

무신정권 이후에는 개인적인 일화 등을 담은 글이 나오기 시작했다. 『파한집』·『보한집』·『백운소설』·『역옹패설』 등이 그것인데, 내용 가운데 시에 관한 평론도 있어서 비평문학의 등장이란 측면에서 큰 의미가 있다. 아울러 사물이나 동물을 의인화해서 표현하는 가전체문학과 기이한 일을 기록한 설화문학도 등장함으로써 당시의 시대상이나 고유한 정서를 알 수 있게 해주는데, 그것들은 뒷날 소설문학의 선구가 되었다.

고려를 빛낸 한문학의 대가들

박인량은 고려 초의 대문장가였다. 일찍이 요나라가 압록강 이남을 탐내 선교船橋를 놓고 고려 경계에 보주성保州城을 두었는데, 현종 이래 여러 번 파하기를 청했으나 듣지 않았다. 그런데 1075년(문종 29) 그가 진정표陳情表를 지어 올리자 요나라 황제가 감동하여 철회시켰다고 한다.

『익재집』 책판

조선 숙종 19년(1693)에 간행된 이제현(1287~1367)의 문집을 새긴 목판으로 모두 147
매이다.

그 뒤 송나라에 사신으로 갔을 때는 김근金覲과 더불어
문장으로 크게 명성을 떨치니, 송나라 사람들이 두 사람의
시문을 모아 책을 만들고 작은 중화인의 문집이란 뜻으로
『소화집小華集』이라 했다고 한다. 또한 박인량은 우리나라
에서 가장 오래된 설화집인 『수이전殊異傳』을 지은 것으로
알려져 있다.

정지상은 우리 고유의 서정을 잘 표현한 시인이었다.
문장이 호방하고 자유롭다는 평가를 받았는데, 절구에 능
했고 「송우인送友人」·「장원정長源亭」 등 국문학사에 길이 남
을 명작을 남겼다. 김부식은 시재詩才는 정지상에 비해 떨

어진다는 평을 받았지만, 역사 등의 산문문학에서는 오히려 정지상을 능가했다.

같은 시기에 살았던 두 사람은 최고 문인의 자리를 다투는 경쟁관계에 있었다. 묘청의 난이 일어났을 때 김부식이 왕에게 보고도 하지 않고 정지상 등 서경세력을 죽인 것에 대해, 김부식이 정지상의 재능을 질투했기 때문이라고 문학적 측면에서 해석하기도 한다. 뒤에 정지상이 원귀가 되어 측간에서 김부식을 죽였다는 이야기도 만들어졌는데, 이 모두가 정지상과 김부식이 최고를 가름하기 힘들만큼 훌륭한 문인이었던 데서 비롯된 것이라고 한다. 온갖 영화를 누린 김부식에 비해 재능을 꽃피우지도 못하고 일찍 죽은 정지상에 대해 다소 동정적인 점은 예나 지금이나 정서가 다르지 않은 것 같다.

무신정권이 등장함으로써 한때 많은 문인들이 수난을 겪었으나 최충헌이 집권한 이후에는 학문이 다시 진흥되기 시작했다. 이 시기의 대표적인 인물은 이규보였는데, 시를 빨리 짓는 재주가 뛰어나 진화陳澕와 더불어 '쌍운주필雙韻走筆'이라 불렸다. 그는 젊었을 때 농촌의 어려운 현실을 그린 '농촌시'를 짓기도 했는데, 대서사시인 '동명왕편'의 저자이기도 하다. 그의 문집인 『동국이상국집』에는 한시와 사·부 등을 비롯한 거의 모든 형식의 한문학이 망라되어 있다.

이제현은 몽골간섭기의 위대한 학자이자 문인이었다. 그는 원나라에서 당시에 새로이 유행하고 있던 성리학을 공부하여 일가를 이루었고, 많은 후학들에게 영향을 끼쳤다. 문학 분야에서도 「산중설야山中雪夜」와 같은 명작을 남김으로써 '두보'에 비견되기도 했다.

그의 저서 『역옹패설櫟翁稗說』은 시문에 대한 그의 평론을 모은 것으로 본격적인 비평문학으로서 문학사적인 의미를 갖고 있으며, 그의 문집 『익재집』에는 이규보에 필적할 만큼 다양한 영역의 작품이 실려 있다.

이색은 아버지 이곡李穀에 이어 원나라 과거인 제과制科에 급제할 만큼 경학과 문장에 뛰어났다. 그는 고려에 돌아와 벼슬을 하면서 주옥 같은 시와 문을 남겼는데, 문집 『목은집』은 35권의 시와 20권의 문으로 방대한 분량을 자랑한다. 글이 "호방하며 높고도 깨끗하다"는 평을 받은 정몽주와 "우리나라 문장으로 도은만한 이가 없다"라는 이색의 극찬을 받은 이숭인이 문장으로 명성을 떨쳤으나, 두 사람 모두 불우하게 세상을 마친 관계로 전해지는 시문이 그리 많지 않다.

끝으로 불교문학을 언급하지 않을 수 없다. 신라시대에는 불교가 성했고 고승도 많았지만 한시는 별로 없었다. 그러나 고려시대에는 유가들이 사회 일선에 나서면서 승려들도 그들과의 사회적 동화 내지 국제적 인식의 요구에

『가정목은선생문집』의 책판

따라 한시로써 수창酬唱이 필요했다.

불가에서의 선시는 유학자들의 한시와 달리 형식의 규제를 덜 받았다. 선시는 교리전달이나 대중의 제도를 위한 수단으로 끌어들인 것이므로 형식보다는 의미의 전달이 주된 목적이었다. 특히 불교 공부의 하나인 선禪의 표현에는 문학의 여러 형태 가운데 한시가 가장 적절했다. 따라서 의천·원감圓鑑·나옹懶翁·보우普雨 등 수많은 시승詩僧들의 배출도 괄목할 만한 것이었지만, 지눌知訥·혜심慧諶·나옹 등으로 이어지는 선종禪宗의 심법心法은 문학사상을 깊이 있게 하는 데 큰 영향을 주었다.

고려시대에 관인을 지향했던 지식인들이 그들의 정서를 표현하는 데 한자는 더 이상 장애가 아니었던 것 같다. 그들은 자신의 감정이나 정서를 한시와 산문 등 다양한 형식으로 자유롭게 표현했으며, 중국에서도 절찬을 받을 정도로 수준 높은 작품이 적지 않게 나오게 되었다. 시대가 진행될수록 전반적으로 한문학 수준이 높아졌다는 사실은 고려 전기에서 후기·말기로 내려오면서 개인문집이 증가한다는 점으로 알 수 있다. 그것은 자신의 작품에 대한 자신감의 표현이자, 책을 엮을 정도로 작품의 분량도 많았다는 것을 의미한다. 이러한 한문학 수준의 고양은 이어지는 조선시대 한문학의 토대가 되었다.

이진한

글씨체에도 유행이 있었다

글씨쓰기가 예술이 되다

글씨가 예술적인 성격을 띨 때 서예라고 한다. 회화·조각·공예 등 미술품은 효용성이나 예술성이 매우 크지만 사람들의 일상생활에 반드시 필요한 것은 아니다. 반면에 말을 문자로 표현하는 일은 유사 이래 항상 있어 왔으며 모든 생활인은 어떤 형태로든 글씨를 쓰며 살아야 한다. 이런 점에서 서예는 회화 등 다른 미술분야보다 훨씬 실용성이 앞선다.

그렇지만 문자를 적는 활동이 모두 예술행위는 아니며, 더욱이 세계 각국에서 문자쓰기가 모두 예술로 인정되는 것도 아니다. 오직 한자문화권인 한국·중국·일본에서만 예술로 이해한다.

한자는 글자 자체가 상형, 즉 물체의 모양을 본떠서 만든 것으로 본래 그림의 구조를 가지고 있다. 게다가 글 쓰는 도구인 붓·먹·종이 등을 이용하여 사람의 취향에 따라 얇고·두껍고·매끄럽고·거친 종이를 선택하거나, 획을 가늘게·굵게·둥글게·모나게·길게·짧게 하거나, 먹의 색을 진하게·연하게 하거나, 붓을 빠르게·느리게·가볍게·무겁게 구사하는 등 여러 가지 방식으로 글자에 변화를 줄 수 있다.

글쓰기가 예술화되는 과정에는 한자의 형태변화도 한몫을 했다. 초기의 한자인 고문古文이나 소전小篆은 선이 단조로웠으나, 예서가 등장하면서 한 획에서도 굴곡이 생기고 굵기가 달라졌다.

이어서 예서에서 흘림체인 초서로 발전하면서 쓰는 사람의 개성이 드러나기 시작했고, 예서에서 해서로 바뀌면서 한 점 한 획을 정확히 독립시켜 점과 획에 다양한 변화가 생겼다. 해서를 흘려 쓴 듯한 행서는 본래 예서를 빨리 쓰기 위해 생겨난 것으로 해서와 다른 맛을 지닌 독특한 서체가 되었다.

이와 같이 예서에서 초서·해서·행서가 시차를 두고 등장했는데, 소전이나 예서의 단순함에서 벗어나 글씨 쓰는 사람 특유의 정신이 들어간 여러 가지 필체가 생겼으며 그에 대한 예술적 평가가 뒤따랐다. 그리하여 한나라 때까지 단지 실용적인 일이었던 글씨쓰기가 위진·남북조시대에 이르러 예술로 이해되었고, 수·당시대에 서예로 승화하면서 서예가의 취향과 개성에 따라 다양한 서법이 생겨났다.

당나라 때까지의 대표적인 서예가로는 왕희지·구양순·안진경·우세남 등을 들 수 있는데, 이들의 서체는 각각 왕희지체·구양순체·안진경체·우세남체 등으로 불렸다. 서예가나 일반대중은 유명 서예가의 글씨를 따라 배우거나 자신의 취향에 맞는 글씨를 골라 흉내낼 수 있었는데, 시대에 따라 유행의 경향이 달라지기도 했다.

왕희지의 화신 김생

우리나라 서예의 출발은 한자가 도입되는 고조선 말기부터인데, 본격적인 발전은 삼국시대에 들어 이루어진다. 특히 중국과 접해 있어 문화의 접촉이 빨랐던 고구려는 가장 먼저 서예를 발전시켰다. 높이 7m에 달하는 거대한 「광개토왕비」의 손바닥만한 글자는 자획에 삐침과 파임이 없어 소박하고 중후한 맛을 지닌 전한前漢의 예서로 쓰였는데, 비석 4면에 꽉 찬 1700여 자는 전체적으로 무게를 느끼게 하며 웅장한 기상을 드러내는 걸작이다.

백제인의 작품으로는 무령왕릉에서 출토된 「매지권賣地券」이 유명하다. 왕릉이 조성되는 땅을 매입한 내역을 담은 매지권은 유려하고 우아한 필치가 중국 남조의 영향을 보여준다. 또한 부여의 「사택지적비砂宅智積碑」는 글씨가 크고 방정하며 힘을 느끼게 한다.

신라의 것으로는 「진흥왕순수비」가 예술성 있는 것으로 평가되고 있다. 진흥왕이 한강유역을 점령하고 이 지역을 순행한 것을 기념하여 세운 「진흥왕순수비」는 글의 전개가 유려하고 글씨가 장엄하여 왕의 치적과 명령을 담은 순수비로서의 성격과 꼭 들어맞는다고 한다.

이처럼 삼국의 서예관련 주요유물은 대부분 금석문 형태로 남아 있어서 글씨를 쓴 사람을 알 수 없다는 점이 아쉽다. 그러나 당시 서예의 경향을 파악하는 데는 부족함이 없다. 삼국의 글씨는 전체적으로 특정한 대가의 서체를 모방하지 않았다. 고구려의 글씨는 힘이 넘치고, 백제는 우아하며, 신라는 단정하면서도 무게가 있다고 할 수 있다.

통일신라시대가 되면 비로소 서예가의 실제 필적을 확인할 수 있다. 이 때는 당 태종이 왕희지의 글씨를 좋아한 것이 당나라는 물론 신라에까지 영향을 미쳐 왕희지체가 크게 유행했던 것 같다.

왕희지는 해서·행서·초서의 실용서체를 예술적인 서체로 승화시킨 중국 최고의 서예가였다. 신라 승려 영업靈

業이 「신행선사비神行禪師碑」와 「성덕대왕신종명聖德大王神鐘銘」에서 보인 솜씨는 왕희지의 「집자성교서集字聖教序」와 차이를 알기 어려울 만큼 훌륭했다. 조선시대에 서거정은 그를 김생에 버금가는 필법을 지녔다고 평가했다.

신필神筆 또는 신품제일神品第一로 불렸던 신라의 김생金生은 왕희지체를 잘 썼는데, 이규보의 「백운소설白雲小說」에는 다음과 같은 일화가 전해진다.

고려의 홍관洪灌이 김생의 글씨를 가지고 송나라에 들어가니 송나라 사람들이 감탄하기를 "뜻밖에 오늘날 왕우군王右軍[왕희지의 관직이 우군장군이었음]의 진짜 필적을 보게 되었다"라는 칭송을 들었다. 이에 "왕우군의 글씨가 아니라 우리나라 김생의 글씨입니다"라고 여러 번 말했으나 믿지 않았다고 한다.

서예가로서 김생의 위대함은 왕희지의 서체를 따랐기 때문이 아니라 그것을 참고하여 새로운 서체를 창안한 점에 있다. 그의 글씨는 왕희지의 수려함을 기본으로 삼되 왕희지체의 대가인 저수량의 필의筆意를 참조하고, 안진경의 장중한 체격을 가미하여 독특한 필체를 이루었다.

한 획을 긋는 데도 굵기가 단조롭지 않아 변화가 많고, 좌우와 상하의 안배가 잘 되어 율동적 효과가 있으며, 음양의 조화가 이루어졌다. 그의 작품으로 「낭공대사비郎空大師碑」 등이 전하는데, 후대에 많은 사람들이 서예를 배우는 전범으로 삼았다.

한편 신라 말 최치원의 「쌍계사진감선사비雙溪寺眞鑑禪師碑」에는 구양순체 요소가 많이 보이는데, 그는 당나라에 유학하면서 당시 유행하던 서체를 익힌 것으로 여겨진다. 이처럼 신라 말이 되면 그 이전의 왕희지체를 대신하여 구양순체가 주류를 이루는데, 이러한 추세는 그대로 고려로 이어졌다.

현화사비
필획이 정결하고 예리하면서도 정돈된 느낌을 주는 채충순(蔡忠順)의 구양순체 글씨를 볼 수 있다.

탄연은 하늘에서 내린 사람

고려시대의 서예가와 서체의 경향을 서술하기 전에 언급해야 할 것이 서예와 관련된 과거제도이다. 고려시대 과거에는 문장을 짓는 제술업과 경전의 학업 성취도를 시험하는 명경과가 일반 관인을 배출하는 중요 통로구실을 했다. 그 밖에 의술과 천문 등에 관한 지식을 측정하여 하급 관원으로 기용하는 잡과가 있었는데, 그 가운데 하나가 서예에 관한 재능을 파악하는 서업書業이었다.

서업에 합격하기 위해서는 먼저 『설문해자說文解字』·『오경자양五經字樣』 등 서가書家로서의 기본 교양과목 시험을 치른 뒤, 실기시험으로 장구시長句詩 한 수에 진서眞書·행서·전서 등의 각 서체와 인문印文을 썼다.

이런 과정을 거쳐 합격하면 국자감의 서학박사書學博士 등 관련분야의 관원이 되었다. 각 관서에서는 서예·시서예試書藝·서수書手 등 전문인력이 문서를 적는 일을 맡았던 것으로 생각된다. 다만 유명 서예가의 글씨를 익혀 업무에 활용한 것에 불과하고, 문文과 필筆은 분리될 수 없다는 정신 때문에 이늘의 글씨를 창의성 없는 단순기능으로 이해할 수도 있으나, 서예 발전에 기여했다는 사실은 부정할 수 없다.

고려 초기 서예의 흐름은 신라 말에 이어 구양순체가 우세한 가운데 우세남체와 저수량체가 간간이 보이고 있다. 구양순체는 자획과 결구結構점과 획을 효과적으로 조화있게 결합하여 글자를 구성하는 겠가 방정하고 근엄하여 한 자를 쓰는 데도 정신이 이완되는 것을 허락지 않는 엄격함을 특색으로 지녔다. 그러므로 왕희지체에서 유래했지만 험경險勁한 필력이 왕희지보다 낫다고도 평가되었다. 반면 우세남체는 왕희지의 서체와 유사하지만 우아한 아름다움을 추구한 서체였다.

먼저 구양순체의 대표작으로 이환추李桓樞의 「광조사진철대사보월승공탑비廣照寺眞澈大師寶月乘空塔碑」와 「보리사대경대사현기탑비菩提寺大鏡大師玄機塔碑」는 삼가면서도 필력이 곧고 굳세며 금석기金石氣가 넘쳐흐른다. 채충순蔡忠順의 「현화사비玄化寺碑」는 필획이 정결하고 예리하면서 아름답게 정돈된 느낌을 주며, 김거웅金巨雄의 「거돈사승묘선사비居頓寺勝妙禪師碑」는 구양순체 특유의 유미주의적인 특징이 잘 나타난다.

백현례白玄禮의 「봉선홍경사갈」은 온아하고 수려한 우세남체를 잘 소화했는데, 결구에서 다소 어색함이 있으나 전체적으로 인후함이 깃들여 있다. 장단열張端說의 「봉암사정진대사원오탑비鳳巖寺靜眞大師圓悟塔碑」는 빼어난 윤기와 가지런함이 있다. 안민후安民厚의 「법천사지광국사현묘탑비法泉寺智光國師玄妙塔碑」는 구양순체이면서도 우세남체의 특징이 있는데 근엄하며 품격이 높다. 이원부李元符의 「반야사원경왕사비般若寺元景王師碑」는 우세남체이지만 송나라 휘종의 수금체瘦金體처럼 자획을 가늘고 길게 뽑는 독특한 필법으로 유려하고 운필이 자재自在하며 글씨가 맑고 굳세다.

고려 초 구양순체의 분위기는 의천의 제자인 승려 린璘과 영근英僅 등이 왕희지체를 구사함으로써 변하기 시작하여, 탄연坦然에 이르러 왕희지체가 완전히 주도하게 되었다. 이들은 송나라에 유학을 다녀온 의천이 새로운 경향을

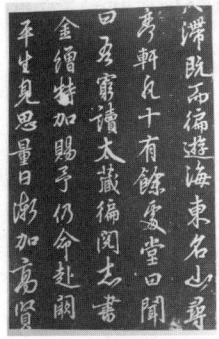

청평사
문수원기(文殊院記)
탄연의 대표작이다.

고려에 전한 데 따라 영향을 받은 것으로 생각된다. 승려 린의 「선봉사대각국사비僊鳳寺大覺國師碑」는 살집이 두텁고 모나지 않은 왕희지체였다.

고려시대 서예사에서 가장 중요한 위치를 차지하는 사람은 바로 이 시기에 활약했던 승려 탄연이었다. 특히 행서에 뛰어났던 탄연의 글씨에 대해 이규보는 "매양 그 글씨를 보면 활발하고 생기가 넘치는 기상이 있어 마치 연꽃이 연못 가운데서 솟은 것과 같고 굳센 뼈대와 윤택한 살집이 서로 안배되어 뛰어난 목수가 재목을 잘 배치해 놓은 것과 같이 조화되었다. 한번 더 다듬은 흔적이 없으니 이 어찌 배워서 된 것이겠는가? 반드시 하늘에서 받은 것이다"라며 김생에 이은 '신품제이'로 평가했다.

탄연은 왕희지의 전아한 서체에 반대하여 남성적인 박력 속에 균형잡힌 아름다움을 추구했던 안진경체에 주목했다. 그리하여 왕희지체의 청경함에 안진경체의 중후함과 사경풍寫經風의 아름다움을 더하여 독특한 서체를 만들어냈다. 대표작인 「청평사문수원기淸平寺文殊院記」는 유려하며 운치있는 맛을 풍기는 결구를 완성하고 잘 쓰인 초서와 같은 힘찬 골격을 갖추었다는 찬사를 받았다. 또한 「운문사원응국사비雲門寺圓應國師碑」는 힘찬 필획과 유려한 필치가 신묘한 조화를 이루어 가히 '탄연체'라 불릴 만하다.

김생과 탄연이 모두 왕희지체와 안진경체를 혼합하여 새로운 서체를 만들어냈는데, 김생은 안진경체를 기본으로 삼았으나 탄연은 왕희지체를 주로 했다는 점이 다르다. 탄연의 등장 이후 고려의 서예가들은 왕희지체와 안진경체를 새롭게 주목하기 시작했으며, 그의 서풍은 제자 기준機俊 등에게 이어졌고, 이후 무신정권에 이르기까지 가장 큰 영향력을 미쳤다.

승려 혜소慧素와 혜관慧觀은 탄연과 비슷한 시기에 활약한 서예가였다. 혜소는 당나라 이래 전승되어 온 사경을 익혀 작은 해서에 정교했을 뿐 아니라 큰 글자에도 뛰어나 「영통사대각국사음기靈通寺大覺國師陰記」를 남겼다. 혜관 역시 사경의 대가로서 「대각국사문집大覺國師文集」은 그가 쓴 것을 판각한 것이다.

혜소와 혜관은 탄연에 비해 서예의 품격은 떨어지지만 탄연과 더불어 구양순체 일색의 분위기를 변화시키는 데 공헌했다. 그리고 홍관은 김생의 필법을 본받아 명성을 떨쳤는데, 당대의 보전寶殿·누각 등의 현판은 대개 그와 탄연의 글씨였다고 한다. 이규보는 신품 다음가는 묘품妙品의 첫번째로 홍관을 들었다.

송설체의 유행

1170년(명종 24) 무신란을 계기로 시작되는 고려 후기에는 지식인층의 심성수련과 교양의 하나로서 서예가 널리 유행했는데, 서법의 경향은 전기에 이어 탄연체가 주도하는 가운데 안진경체도 적지 않은 비중을 차지했다.

유공권柳公權은 초서와 예서에 매우 능했는데, 그의 「용인서봉사현오국사비龍仁瑞鳳寺玄悟國師碑」는 소식의 서법과 사경체 풍미로 가득하다. 김효인金孝印의 「보경사원진국사비寶鏡寺圓眞國師碑」와 「송광사진각국사원소탑비松廣寺眞覺國師圓炤塔碑」는 탄연체의 영향 아래 안진경체의 장중한 분위기가 압도해 가는 당시의 흐름을 알려주고 있다.

같은 시기의 최우와 유신은 이규보에 의해 신품의 제3·제4로 평가되었다. 최우를 평하여 "초서는 마치 빠른 매가 공중에 날고 가벼운 바람이 안개를 마는 듯하고, 진서와 행서는 마치 말이 머리를 나란히 하고 느리게 가거나 달리는 것 같다"고 했다. 유신을 두고는 "행서와 초서를 혼용해서 쓰기를 좋아하여 행초行草라고 하는데, 그 기상은 장사가 칼을 빼들고 적군에게 달려가려는 것에 비유해도 좋다"고 평했다.

그러나 이 두 사람의 필적이 없으므로 현재로서는 평가하기 어려운데, 최우에 대해서는 이규보가 권력자에 아부하여 과도하게 칭송한 것이라는 견해도 있다.

한편 이규보가 신품4현(김생·탄연·최우·유신)을 선정한 것은 서예사적으로 큰 의미가 있다. 그는 품평의 최고 기준을 사람으로서는 도저히 이룰 수 없고 하늘로부터 재능을 받아 현실세계에서 구현되는 상태에 두었다. 그러한 기준에 도달한 명필을 신품이라 하고 그보다 떨어지는 재능을 묘품·절품絶品 등으로 나누어 평론함으로써 서예 이론과 비평 분야에 새로운 장을 열었던 것이다.

충렬왕대부터 고려가 원의 정치적 간섭을 받게 됨으로써 이후 문화적으로도 밀접한 관계를 갖게 되었다. 그러한 경향은 서예의 경우도 예외가 아니어서 조맹부가 창안한 송설체가 고려에 크게 유행하게 되었다. 원나라의 유명한 학자이자 미술가이며 서예가인 조맹부의 서실 송설재松雪齋에서 유래한 송설체는 왕희지를 주종으로 했으나 필법이 굳세고 아름다우며 결구가 정밀한 특징이 있었다.

고려에서 송설체가 유행하게 된 계기는, 충선왕이 원나라 연경에 세운 독서당인 만권당萬卷堂에서 조맹부가 이제현 등과 교류했으며, 충선왕이 고려에 올 때 많은 작품이 전래하여 고려인들이 그의 서체를 직접 접할 기회가 많았기 때문이다. 하지만 고려의 송설체는 원나라의 것과 다소 차이가 있었다. 본래 송설체는 송대의 자유로운 아름다움의 추구에 대한 반작용으로 정제된 아름다움을 찾은 결과로 만들어진 데 반하여, 고려의 그것은 곧고 굳센 방정함에서 유려한 세련미를 찾았다.

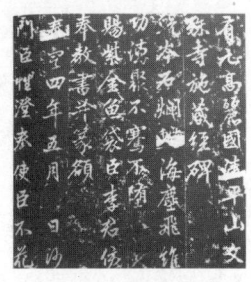

문수사장경비
송설체의 영향을 받은 필체가
돋보인다.

이제현은 시·서·화에 모두 능한 삼절三絶로, 서예에서는 가법고도 자유로운 초서를 구사한 박연폭포시를 남겼다. 승려 성징性澄은 「문수사장경비음기文殊寺藏經碑陰記」에서 송설체의 영향을 받았으면서도 예스럽고 우아한 해서를 썼다. 전원발全元發의 「법주사자정국존보명탑비法住寺慈靜國尊普明塔碑」는 안진경체의 졸박성이 배제된 전아한 해서체이다.

이암李嵓은 "우리 동국에서 조맹부의 필법정신을 얻은 이는 행촌 이암 한 사람뿐이다"는 평을 받을 만큼 조맹부의 영향을 받은 글씨를 썼다. 진서·행서·초서 3법이 모두 절묘하여 우리나라 서법을 논하는 자는 모두 첫째로 김생을 꼽고, 다음으로 이암을 든다. 그는 「문수사장경각비」의 두전頭篆(비문의 위쪽에 쓰는 전세)과 해서를 썼는데, 전서는 아름답고 해서는 조맹부의 솜씨를 빼닮았다고 한다.

한수韓脩는 학문과 서법에 모두 능하여 "학문은 염락濂

洛송나라 신유학자 주돈이와 정이·정호 형제을 전하고, 서법은 종요와 왕희지를 이을 정도로 훌륭하여 당대에 존경을 받았다. 초서와 예서를 잘했는데, 필세가 군세어 왕희지의 필세를 많이 체득했다"는 평가를 받았다. 그의 필체는 노국공주의 「정릉비」, 공민왕의 「현릉비」, 「회암사지공대사비檜嚴寺指空大師碑」, 「신륵사나옹화상비神勒寺懶翁和尙碑」 등에서 볼 수 있는데, 근엄하고 단중하면서도 품격이 높아 고려비 가운데 최상급의 명품으로 인정받고 있다.

이와 같이 탄연 등 고려시대의 여러 서예가들은, 서체는 기본적으로 중국의 것에 연원을 두었지만, 단순한 모방에 그치지 않고 나름대로 새로운 예술적 창조를 해냄으로써 높은 평가를 받을 수 있었고, 이후 조선시대의 서예가들에게도 적지 않은 영향을 미치게 되었다.

이진한

화려함 속에 감추어진
팔관회와 연등회의 그늘

크리스마스 철에는 기독교 신자가 아니라도 자신도 모르게 들뜨게 된다. 어떤 이는 통금이 있던 시절에 유일하게 사유를 만끽할 수 있던 날이기 때문에, 자연히 크리스마스는 중요한 축제일이 되었다고 꼬집기도 한다. 물론 그것 말고도 우리에게는 여러 명절이 있다. 설·추석·단오 등등이 그것이다.

그러나 현대를 사는 우리에게 이런 날은 특별한 의미는 있지만, 축제의 흥겨운 느낌은 별로 주지 못한다. 특히 여성에게는 매우 고역스러운 연중행사로 여겨지기도 한다. 명절 본래의 의미를 상실하고 형식이라는 허울만 남았기 때문이 아닐까?

젊은이들에게 전야의 들뜬 기분을 느끼게 해주는 축제를 꼽으라고 하면, 서양의 축제가 대부분 그 자리를 차지하고 있다고 해도 과언은 아니다. 크리스마스·발렌타인데이와 그것에서 파생된 여러 '데이day'가 요즈음 우리 신세대들에게는 고유 명절보다 더욱 중요한 날로 인식되고 있다.

그렇다면 고려인들이 손꼽아 기다렸던 명절에는 어떤 것이 있었을까? 설·추석·단오·한식·동지 등과 같이 현재까지 친숙하게 전해 내려오는 것 이외에도 여러 세시풍속이 있었는데, 그 가운데 당시 고려인들에게 전야의 야릇한 맛을 느끼게 해주는 것이 바로 연등회燃燈會와 팔관회八關會였다.

화려한 네온사인을 연상시키는 불꽃잔치, 연등회

연등회와 팔관회는 매우 빈번하게 개최되었다. 475년 동안 지속된 고려 역사에서 『고려사』에 기록된 횟수는 연등회가 161회, 팔관회가 115회에 달한다. 그러나 "원구圜丘·적전籍田·연등·팔관 등과 같은 상례적인 일은 처음 보이는 것만 써서 그 예例를 나타내고, 만약 왕이 친히 행했으면 반드시 썼다"고 하는 『고려사』의 편찬원칙을 감안하면, 『고려사』 편찬의 기본자료였던 『고려실록』에는 두 행사에 꽤 많은 지면이 할애되었음을 짐작할 수 있다. 게다가 다른 명절에 대한 『고려사』의 기록이 적은 것과 비교하면, 이

두 행사는 고려의 중요한 국가의례였음을 알 수 있다.

구문九門에 임금님 납시니
벽제[1]소리 우레와 같고
궁중의 화사한 연회 밤을 정해 열었어라
은촛불 그림자 속에 꿩깃발 도열했고
옥퉁소 부는 가운데 금술잔 보내왔구나
만세삼창 하니 삼신산 솟아올랐고
천 년 만에 한번 익는 선도仙桃가 실려왔네
......

교방敎坊에서 기생 선발하여 선도에 취했어라
구층의 향로에는 용뇌향기 피웠고
사방을 비추는 등불에는 봉황기름 사용했네
......

비단 등롱燈籠은 물결 속에 진주가 비친 듯하고
황금궁전에는 밤이 깊어 밝은 달이 걸렸구나
만호장안萬戶長安에 고루 비추어 불야성 이루었으니

▽벽제(辟除) : — 행차에 앞서서 큰 소리로 '물렀거라'라고 하여, 행인들이 길을 비키게 하는 행위.

위의 시는 연등회 저녁의 모습을 묘사한 이규보李奎報의 글『동국이상국집』권13이다. 온갖 화려한 장식을 한 궁궐, 불야성을 이룬 도심의 풍경과 함께 아름다운 기녀와 천 년에 한번 익는다는 선도주仙桃酒의 모습을 그림으로써 마치 브

라질의 삼바축제를 연상케 한다.

연등회의 화려한 모습을 그린 기록은 『고려사』 등에서 수없이 찾아볼 수 있다. 문종 27년(1073)에 행해진 연등회에는 3만 개의 등이 거리에 걸렸으며, 문종 21년(1067)에는 5일 밤낮 동안 연등회가 성대하게 개최되었는데 당시 밤에도 밝기는 대낮과 같았다고 한다.

원래 연등회는 엄숙한 불교행사로, 꽃공양·향공양과 더불어 연등을 부처에게 바침으로써 탐욕·증오·어리석음을 없애려는 공양의 하나였다. 등을 켜는 것은 마음을 수행하는 한 방법으로 그 목적은 깨달음을 얻기 위해 마음가짐을 청정하게 하려는 데 있었다고 한다.

인도에서 시작된 연등회는 본래 불교의례의 하나로 그

초파일 갑사의 연등

개최일은 1월 1일이었다. 그러나 중국으로 전래되면서 연등에 축제의 성격이 가미되어 계율에서 금하는 술도 사용했으며, 개최일은 1월 8일 혹은 1월 15일로 변경되었다.

중국에서 연등회를 전해 받은 신라는 처음부터 종교적 성격보다는 연회적 성격을 강하게 띠며 출발했고, 고려에 지속되면서 국가적 후원 아래 정기적으로 개최되는 의례이자 축제로 변모하게 되었다. 특히 정종靖宗 때 태조의 고혼을 모신 원당願堂인 봉은사奉恩寺에 국왕이 행차하여 예를 행하는 의례가 정례화함으로써 정치적 성격까지 가미된 국가의례가 되었다.

고려의 연등회는 대체로 1월 14일의 전야제부터 15일까지 이틀 동안 열리는 경우가 많았지만, 시기에 따라 약간 변동이 있었다. 국초부터 1월 15일에 개최되던 것이, 현종 즉위년(1009) 거란의 침입으로 인해 2월 15일로 날짜가 변경된 뒤 한동안 2월을 그 개최일로 삼았다. 그 후 의종 원년(1147)에 다시 1월로 하다가, 명종 2년(1172)에는 2월로 변경하는 등 1월과 2월을 번갈아가며 개최일이 변경되었다.

팔관회와 함께 연등회가 국가적 행사로 굳어지기 시작한 즈음에 잠시 폐지되어 존폐의 갈림길에 선 적이 있었다. 불교보다는 유교 쪽에 경도된 성종이 즉위한 이후, 성종 6년(987)에 최승로崔承老의 상소로 인해 두 행사가 아예 폐지되었던 것이다. 그러나 얼마 뒤 현종이 즉위하자 재개되어,

이후 고려 말까지 거의 한 해도 거르지 않고 개최됨으로써 고려의 가장 중요한 축제 가운데 하나로 다시 자리매김하게 되었다.

연등회는 이틀 동안 개최되었는데, 첫날 소회小會의 일정은 아침에 임금이 왕실친족과 신하들로부터 축수祝壽를 받는 것으로 시작하여 왕실의 조상들에게 제사를 지내고, 다시 봉은사에 행차하여 그 곳에 안치된 태조의 진영에 제사를 지내고 궁궐로 돌아오는 것으로 끝을 맺는다.

다음날인 대회일大會日의 일정은 연회적 성격이 강하다. 이 날도 역시 국왕은 조상의 제사를 모시지만, 궁전의 좌우는 꽃으로 장식되었으며, 국왕의 자리 앞에는 과일 탁자가 즐비하게 늘어서고, 국왕이 전각에 나타나면 신하들은 '군왕만세'를 외치며 연회를 시작했다.

이렇게 1월이나 2월에 개최되는 정규적인 연등회 이외에 비정규적으로 개설되는 특별 연등회도 있었다. 부처의 탄신일인 4월 8일이나 사찰의 낙성 및 탑의 건축을 축하하기 위한 연등행사가 성대하게 개최되었다. 특히 석가의 탄일에 행해지는 초파일 연등회의 경우 수십 일 전부터 아이들이 대나무에 종이를 오려붙여 깃발을 만들어 거리와 마을을 돌며 외치면서 쌀과 포를 구하여 그 비용으로 삼는 '호기희呼旗戲'라는 놀이가 크게 유행하여 궁궐 뜰에서 공연되기도 했다.

독특한 팔관회

팔관회 또한 연등회만큼이나 중요한 고려의 불교의례였다. 팔관八關이란 원래 8가지 불교계율을 의미하는 것인데, 팔관회는 사람들에게 8가지 계율을 지켜 선행을 행할 것을 강조한 부처의 가르침에 따라 한 달에 여섯 차례에 걸쳐 하룻밤 하룻낮 동안 계율을 수행하는 행사이다. 8가지 계율은 경전마다 조금 다르게 서술되고 있지만, 대체적으로 ① 죽이지 말 것, ② 훔치지 말 것, ③ 음행하지 말 것, ④ 거짓말하지 말 것, ⑤ 술 마시지 말 것, ⑥ 높고 넓고 큰 침대를 사용하지 말 것, ⑦ 화환을 걸거나 향수를 몸에 뿌리지 말 것, ⑧ 노래하고 춤추며, 오락을 즐기지 말 것이라 할 수 있다. 그리고 계율의 핵심내용은 정오 이후에는 먹지 않는 것이다.

팔관회는 인도에서 중국을 거쳐 우리나라에 전래되면서 연등회와 마찬가지로 그 성격에 많은 변화를 겪게 된다. 그러나 중국에서는 인도의 경우와 마찬가지로 여전히 불교의례적 성격이 강했으며 국가적 행사로 정착되기보다는 승려나 개인이 개별적으로 행하는 의례에 불과했다. 그러던 것이 우리나라에 전래되어 큰 변화를 거쳐 우리만의 독특한 의례로 발전하게 되었다.

처음 신라에 전래되었을 때만 해도 팔관회는 현세적·내세적 목적 성취를 기원하면서 10월에 열렸으나 연례행사는 아니었다. 고려시대에 이르러 팔관회는 관리에게 3일 동안 휴가를 주며 외국사신으로부터 축하를 받는 연례행사로서 그 내용에 큰 변화를 겪게 된다.

고려의 팔관회 개최일은 11월 15일이었으나, 월식月食이나 국장國葬이 있거나 자묘일子卯日 또는 동지처럼 불길한 날로 간주되는 날과 겹치게 되면 날짜가 변경되기도 했다. 특히 자묘일은 중국에서 악명 높은 임금이었던 걸왕과 주왕이 을묘일과 갑자일에 각각 나라를 잃었다는 데서 불길한 날로 간주되었다고 한다.

이미 설명했듯이 팔관회는 우리나라에 전래된 후 커다란 변화를 거쳐 단순한 불교의례에서 벗어나 우리나라만의 독특한 의례로 변모했다. "연등은 부처를 섬기는 것이며, 팔관은 천령天靈 및 오악五嶽·명산名山·대천大川과 용신龍神을 섬기는 것이다"라는 『고려사』의 기록이 그것을 입증한다.

연등회에 대해서는 단순히 부처를 섬기는 행사라고 해놓고서 팔관회에 대한 설명에는 여덟 가지 계율에 대한 언급은 없고, 불교와는 직접적인 관련이 없는 우리의 여러 토속신土俗神을 섬긴다고 되어 있는 것이다.

팔관회의 독특함은 그 행사에서도 찾아볼 수 있다. 팔관회 역시 연등회와 마찬가지로 이틀에 걸쳐 진행된다. 왕실에서 태조를 비롯한 역대군왕에 대한 제사를 지낸 뒤 중앙관서뿐만 아니라 지방에서 몰려온 신하들의 축하를 받는 것이 첫날의 주요 행사이다.

다음날인 대회일 행사에서 주목되는 것은 국왕이 외국 사신의 축하를 받고 있다는 점이다. 즉 당시까지 아직 완전히 고려에 복속되지 않은 탐라를 비롯해 여진의 사신과 송나라 상인(宋商)의 축하인사와 선물을 받고, 그에 대한 답례품을 하사하는 행사가 진행되었다. 어떤 사람들은 이를 통해 당시 고려의 대외관계를 유추해 보기도 한다. 어찌되었든 간에 고려에서 팔관회는 단순한 불교의례가 아니라 그것을 통해 국제무역까지 행하는 국제적 행사였음은 자명하다.

사건과 사고가 빈발한 날

먹고 마시는 즐거운 축제기간에는 언제나 사건과 사고가 따른다. 축제의 들뜬 기분 속에서 방심이 빚어내는 경미한 사고는 물론, 정치적 변란이나 범죄를 꾀하는 사람들은 다른 사람들이 방심한 틈을 이용하기 위해 축제일을 종종 거사일로 삼기 때문이다. 연등회와 팔관회의 개최일도 예외는 아니었다.

등을 밝히는 일이 주행사인 연등회 기간 중에는 화재가 자주 발생했다. 궁궐 안팎뿐만 아니라 개성 도심 전체에 등을 켜는 연등회 기간은 그만큼 화재에 노출되기 십상이었다. 원종 12년(1271) 2월 연등회 때 왕이 봉은사에 행차하는데 때마침 개경 시내 저시교楮市橋 근처의 민가 3백여 호가 불탄 것이 대표적 사례이다.

화려한 연회가 베풀어지는 팔관회와 연등회 기간에는 평소 궁중에서 있을 수 없는 갖가지 해프닝이 벌어지기도 했다. 무신정권 시기인 명종 때의 연등회 날에는 임금과 신하가 모두 취하여 상·하 관계가 무시되는 사태가 벌어졌다. 또 몽골과의 전쟁이 한창 진행중이던 고종 시기의 팔관회에서는 일단의 군인들이 궁궐에서 난동을 부리며 함부로 기와조각을 어사대御史臺에 쳐진 장막에 던지면서 재상의 막사에까지 이르렀는데, 당시 재상인 금의琴儀가 크게 노하여 "너희들이 군신君臣의 대회大會에 감히 이럴 수가 있느냐? 진실로 난을 일으키려거든 먼저 이 늙은이를 죽여라"고 호통쳐 겨우 난동을 진정시켰다고 한다.

또 충숙왕 즉위년(1313) 11월 팔관대회 때는 고관대작들을 따라온 종들이 궁정 뜰에서 서로 돌을 던지며 싸우다가 음악을 감상하고 있던 국왕의 자리에까지 미쳐 왕을 모시고 있던 신하의 허리띠가 돌에 맞아 떨어지는 사고가 일어나기도 했다.

그러나 이 두 행사와 관련해서 무엇보다도 가장 눈에 띄는 사건은 '유시流矢의 변'이다. 무신정변이 일어나기 불과 몇 년 전인 의종 21년(1167) 정월에 연등행사로 왕이 봉은사에 행차했다가 돌아오던 밤이었다. 당시 국왕을 모시고 있던 김돈중金敦中이 탄 말이 징과 북소리에 놀라 한 군인의 화살통에 부딪침으로써 쏟아진 화살들이 임금의 수레 곁에 떨어지는 사고가 있었다. 이에 의종은 '유시流矢', 즉 빗맞은 화살이 아닌가 생각하여 궁으로 돌아가 계엄을 선포하기에 이른다. 그리하여 많은 사람들이 반역혐의로 처벌을 받고, 또 국왕을 제대로 호위하지 못했다고 하여 14명의 친위군들이 유배에 처해지는 사건으로 비화되었다.

그러나 정작 장본인 김돈중은 겁을 먹고 자백하지 않아, 무신들의 미움을 샀다. 나중에 김돈중이 무신정변 때 무신들에 의해 죽임을 당하게 되자 "나는 실로 죄가 없으나 다만 유시의 변으로 화禍가 죄없는 자에게 미치게 했으니 오늘 이 지경에 이른 것도 마땅하다"라고 탄식했다고 한다.

행사기간을 반란의 거사일로 삼은 경우도 있었다. 위화도 회군으로 이성계가 정권을 장악하고, 우왕과 최영崔瑩

이 각각 귀양을 간 창왕 1년(1389) 11월 팔관회 때 정변이 발생했다. 최영의 조카 김저金佇 등이 우왕과 내통한 뒤 팔관회날을 거사일로 정했다. 그런데 마침 소회일小會日에 이성계가 집에 머물러 팔관회에 참여하지 않자, 김저 등은 밤에 이성계의 집으로 갔다가 그의 문객門客에게 도리어 잡힘으로써 거사는 실패로 돌아갔다. 이 사건 때문에 당시국왕인 창왕도 강화로 내쫓기게 되었다.

축제의 뒤안

연등회와 팔관회는 본래 불교행사였지만 대회일에 갖가지 화려한 연회가 베풀어지는 국가적 의례였으므로, 그에 소요되는 비용은 만만치 않았다. 명종 때 서경의 재정에 관한 기록에 따르면, 식록食祿으로 정해진 연간 총 2만 6272석石 가운데 연등·팔관·재제齋祭·객사客舍 등의 용도에만 4321석을 준비했다고 한다. 그리고 비용이 부족하여 만족할 만한 팔관회를 열지 못했던 의종은 가산이 풍족한 양반들을 선가仙家로 정하여 의례를 행하도록 하라는 왕명을 내렸는데, 이러한 사실에서 우리는 행사의 규모와 그에 따른 비용을 가히 실감할 수 있다.

    화려한 행사를 준비하기 위해서는 앞에서와 같은 물질적 비용 이외에 많은 노동력이 투입되어야 했는데, 그로 인해 축제임에도 즐기지 못하고 불만과 고통으로 허덕이는 사람들이 있게 마련이었다. 이에 대해 성종 때 관료인 최승로는 "우리나라는 봄에 연등을 개최하고, 겨울에 팔관을 열어 널리 많은 사람을 징발하므로 노역勞役이 심히 번거롭습니다"라고 그 폐단을 일찍이 지적했지만, 이 문제는 그 뒤로도 계속 지속되었다.

    몽골과의 전쟁 와중에서도 당시 국왕 고종高宗은 연등 행사를 강행했는데, 마침 몽골병의 침입으로 전국 각 도에 선지사宣旨使를 파견하지 못하자 비정규직인 별감別監을 파견했다고 한다. 그런데 이 별감들이 그 틈을 이용해 백성들에게서 많은 재물을 긁어모아 국왕의 은총을 사려 했고, 이에 백성들은 심히 고통스러웠기 때문에 도리어 몽골병이 오는 것을 기뻐했다고 한다. 전쟁 와중에도 지속되어야 했던 축제는 백성들에게 그나마 남아 있던 애국심마저 앗아가 버렸던 것이니, 누구에게 돌을 던져야 하겠는가?

이정란

쉬어가는 곳

누구에게는 더 주고 누구에게는 덜 주랴

쉬어가는 곳

누구에게는 더 주고
누구에게는 덜 주랴

재산이란 인간이 인간답게 살 수 있는 기본적인 조건이다. 적어도 생존할 수 있을 정도, 좀더 욕심을 부리면 품위를 유지할 수 있을 정도의 재산은 가져야 한다. 재산은 자신이 노력해 축적하지만 상속으로 얻기도 한다. 그래서 종종 재산상속 문제로 부모와 자녀·형제 사이에 분쟁이 발생해 의리를 상하게 만들기도 한다.

무소유를 실천하는 사람도 더러 있지만 그것은 고상한 신념을 실천하는 특수한 경우이다. 상속제도는 그 사회의 가족제도·친족형태·혼인풍습 등과 밀접한 관련이 있기 때문에 어떤 사회의 구조를 이해하는 방향을 잡아주는 나침반이라 할 수 있다.

재산은 현대 자본주의 사회에서만 중시된 것이 아니라 전근대사회에서도 그러했다. 우리는 선비라고 하면 검소한 생활 가운데 책을 읽는 선비의 모습을 떠올리게 된다.

그래서 선비는 으레 가난하다고 인식하고 있는데, 실제로 선비는 대부분 일을 하지 않고 과거공부만 해도 될 정도의 토지와 노비를 소유하고 있었다.

좀더 정확히 말하면, 그렇게 해도 될 정도의 재산을 상속받았던 것이다. 그러나 재산은 생존과 직결되는 평민에게 더욱 중요했다. 또한 재산을 많이 축적한 평민은 그것을 이용해 신분제의 벽을 뚫고 신분상승도 기대해 볼 수 있었다.

지금은 장남이든 차남이든, 아들이든 딸이든, 결혼했든 안 했든 재산을 똑같이 상속받도록 법으로 규정되어 있다. 물론 지금도 관습적으로 또는 상속자의 뜻에 따라 장자에게 더 많이 주거나, 딸에게는 아들보다 훨씬 적게 준다든지 아예 주지 않는 경우도 있다. 그만큼 장자중심·아들중심이라는 사고방식이 강고하게 남아 있다.

1997년에 한 부유한 사람이 꿈에서 비행기 추락사고로 부인·아들·딸·며느리·친손녀·외손자·외손녀와 함께 숨진 일이 있었다. 1천억 원으로 추정되는 그의 유산을 둘러싸고 그의 형제·자매와 사위가 소송을 벌였는데, 근래에 대법원은 150평짜리 주택의 소유권에 대해서 사위의 손을 들어주었다. 나머지 유산에 대해서는 앞으로 지켜보아야 되겠지만 딸의 배우자로서 사위의 상속권을 인정한 것이다.

이에 대해서 형제자매를 제치고 어떻게 사위가 유산을 상속받을 수 있단 말인가 하고 불평하는 사람들이 아직도 주변에 상당수 있을 것이다. 근래 성주이씨의 딸들이 종중의 아들들에게 종중땅의 매각대금을 나누자는 소송을 제기했다. 하지만 1심재판부는 종중은 공동선조의 후손 가운데 성년 이상의 남자로 구성되는 자연적 집단이라는 이유를 들어 딸들에게 패소판결을 내렸다. 이와 비슷한 소송이 몇 건 더 진행중인데 앞으로 귀추가 주목된다.

이러한 소송이 고려시대에 제기되었다면 과연 어떤 판결이 내려졌을까? 아들에게 그리고 장자에게 더 많은 재산을 물려준 조선시대의 상속제도가 우리 사회 본래의 전통일까? 고려시대로 달려가 보기로 하자.

직역을 물려받으면 토지도 따라온다

현대의 국민은 국가에 대해 권리와 동등한 의무를 가지는데, 전근대사회에서는 국민에게 의무가 강조되었다. 고려시대 백성들은 국가에 대해 조세를 바칠 뿐만 아니라 노동력을 제공하고 군역에 종사해야 했다. 그러나 그에 대한 보상은 없었다. 반면 지배신분인 사족, 즉 양반으로서 관직에 종사하거나, 서리·향리·경군(직업군인) 등이 직역職役을 담당하면 토지가 주어졌다.

고려시대는 토지를 '전정田丁'이라 했으며, 아들이 부친의 직역을 물려받으면 그 직역에 딸린 전정도 함께 물려받았는데, 그것을 '전정연립田丁連立'이라 했다.

제10대 정종靖宗은 12년(1046)에 다음과 같이 결정했다.

모든 전정의 연립은 적자嫡子가 없으면 적손嫡孫에게 하도록 하라. 적손이 없으면 동모제同母弟(친모동생)에게, 동모제가 없으면 서손庶孫에게 하도록 하라. 남손男孫이 없으면 여손女孫에게 하도록 하라.

이에 따르면 '전정'의 연립은 적자嫡子, 그 다음에 적손嫡孫 순으로 행해졌다. 고려시대는 적·서를 그리 구별하지 않았으므로 여기서의 적자는 장자, 적손은 장손, 서손庶孫은 여러 손자 정도로 해석된다.

위 판문을 두고 고려시대에 토지재산은 적장자嫡長子가 단독으로 상속했다는 설이 한때 각광을 받은 적이 있다. 하지만 이는 모든 토지가 아니라 직역에 대한 대가로 국가로부터 받은 토지에 국한된 것이었다. 이러한 토지는 분할될 수 없는 것으로, 만약 직역을 물려받을 자가 없으면 국가에 돌려주어야 했다.

정리하면 향리·서리·경군 등은 '직역'에 대한 대가로

토지, 즉 '전정'을 국가로부터 받았는데, 그 '직역'과 '전정'을 계승할 때는 장자, 그 다음 장손 순으로 우선권이 주어졌다는 것이다. 장자는 부친의 토지재산 가운데 '전정연립' 대상의 토지, 즉 국가로부터 받은 토지의 상속에서는 다른 아들들보다 유리했다고 할 수 있다. 하지만 이 토지는 소유권이 완전히 보장되지 않아 직역에 복무하지 않을 경우 국가에 반납해야 했으며, 일반 백성에게는 거리가 먼 존재였다.

한편 공을 세우면 받는 공신전, 5품 이상의 관직을 지내면 받는 공음전도 상속되었다. 공신전과 공음전은 '자·손', 즉 아들과 손자가 상속하도록 되어 있었다. 그리고 공음전의 경우 아들이 없으면 사위·조카·양자·의자義子에게 상속이 옮겨갔다. 양자는 고려시대에 거의 행해지지 않았으므로 큰 의미가 없다. 의자는 보통 전 남편의 자식을 가리킨다.

공신전과 공음전의 우선상속 대상자인 자손에 외손도 포함되는지는 분명치 않다. 만약 외손도 포함된다면 딸[외손의 어머니]에 대해서도 배려하는 셈이 된다.

또한 상속 대상자에게 균등하게 나누어주었는지 그렇지 않은지도 확실치 않다. 공신전과 공음전은 지배층 가운데서도 일부에만 해당되므로 일반 백성은 멀리서 쳐다만 보아야 하는 상속재산이었다.

사유재산은 똑같이 나눈다

국가로부터 받은 토지가 아닌 순수한 개인의 토지, 즉 '민전民田'의 상속은 어떠했을까? 또한 노비 등의 사유재산은 어떻게 상속되었을까? 우리나라 전근대 사회에서는 토지와 노비가 가장 중요한 재산이었다. 토지와 노비가 많고 적음은 개인의 운명을 결정했으므로 자녀가 부친으로부터 조그마한 땅 조각이라도, 단 한 명의 노비라도 상속받는다면 일단 성공적인 출발을 하는 셈이었다. 여기에다가 다른 재산까지 상속을 받는다면 더욱 좋은 일이 된다.

무신정권 시절인 고종 때 손변孫抃이 경상도 안찰부사按察副使로 부임했는데, 남동생과 누나 사이에 소송이 몇 년째 해결을 보지 못하고 있었다. 동생은 "친오누이 사이에 왜 누나만 부모의 재산을 갖고 저에게는 나누어주지 않나요"

율곡선생 남매분재기(分財記)

율곡 이이가 41세 때, 그의 형제·자매 7명과 서모(庶母) 권씨 등이 아버지로부터 물려받은 재산 상속에 관한 것을 기록한 고문서. 이 문서에서는 형제·자매들이 모두 균등하게 재산을 물려받은 내용을 적고 있을 뿐만 아니라 그에 따라 각자가 책임져야 할 제사를 기록하고 있어, 16세기 당시에도 고려시대와 마찬가지로 여전히 윤회(輪回)가 시행되고 있었음을 보여주고 있다.

라고 주장했다. 누나는 "아버지가 임종하실 때 모든 가산家産을 나에게 주셨고 네가 받은 것은 검은 옷 하나, 검은 모자 하나, 짚신 한 켤레, 종이 한 두루마리뿐이었어. 문계文契가 작성되어 남아 있는데 어떻게 거스를 수 있겠니" 했다. 이 골치 아픈 소송을 손변이 해결해 보려 나섰다.

　　손변이 두 사람을 앞으로 불러 물었다.
"아버지가 돌아가셨을 때 어머니는 어디에 계셨는고?"
"먼저 돌아가셨습니다."
둘이 대답했다.
"너희들은 그 때 나이가 각기 몇이었는고?"
"누나는 이미 시집갔고, 저는 어린애였습니다."
손변이 타일렀다.
"부모의 마음은 자녀에게 똑같으니라. 어찌 장성하여 시집간 딸에게 후하고 어머니 없는 어린애에게 박하겠는가. 아이가

의지할 곳은 누나뿐인데, 만약 재산을 누나와 똑같이 나눠주면 누나가 동생을 혹 덜 사랑할까 혹 부실하게 기를까 걱정하신 것이니라. 네가 장성하면 이 종이로 소장을 만들고서 검은 옷과 검은 모자를 착용하고 짚신을 신고 관청에 고소하면 장차 잘 판결해 줄 자가 있으리라 생각하신 것이니라. 오직 네 가지 물건만을 남긴 뜻은 대개 이와 같으니라."

동생과 누나가 듣고 깨달아 서로 마주보면서 울었다. 손변이 드디어 가산을 나누어 그들에게 주었다.

아버지가 돌아가시면서 시집간 딸에게는 가산(재산)을 다 물려주고, 어린 아들에게는 오직 옷 하나, 모자 하나, 짚신 한 켤레 그리고 종이 한 두루마리만 덜렁 남겨주었으니 겉으로 보면 딸만 사랑하고 아들은 미워했던 것처럼 보인다. 하지만 손변은 오누이의 아버지가 어린 아들에게 네 가지 물건을 남긴 뜻을 읽어냈다.

손변은 부모의 마음은 자녀에게 똑같다는 점을 전제로 '만약 재산을 누나와 똑같이 나눠주면' 누나가 어린 동생을 부실하게 기를까 걱정되어 누나에게 재산을 다 주었다는 것, 네 가지 물건은 아들이 성장한 후 자기 몫을 찾기 위해 그것을 이용해 소송하라고 남긴 것이라 해석했다. 그의 해석에서 아들과 딸 구별없이, 결혼 여부와 상관없이 재산을 똑같이 나누어주는 방식이 고려시대에 일반적이었음을 말해 준다.

마침내 손변은 오누이를 설득하여 가산을 중분中分, 즉 절반으로 나누어 누나와 동생에게 주었다. 여기에서 재산 내지 가산家産은 토지와 노비를 포함한 모든 재산을 의미한 다고 보아야 한다. 이처럼 고려시대에는 자녀에게 재산을 똑같이 나눠주는 균분상속이 행해졌다.

고려시대에 토지가 균분상속된 것은 고려시대의 풍습 을 간직한 조선 전기에 토지가 균분상속된 사실로도 유추 가 가능하다. 단 고려 예종 17년(1127)의 결정에 따르면 조 상 대대로 내려오는 토지인 부조전父祖田이 문계文契, 즉 토 지문서가 없는 경우 장자가 그것을 우선 물려받을 권리를 지니고 있었다.

노비의 균분상속은 원나라 간섭기의 인물인 나익희의 사례가 증명한다. 어머니가 자녀들에게 재산을 나누어주 었는데, 외아들인 나익희에게 별도로 노비 40명을 남겨주 었다. 그런데 그는 "아들 하나가 딸 다섯 사이에 있으면서 어찌 차마 구차하게 받아서 어머니의 사랑에 누를 끼칠 수 있겠습니까"라고 하면서 사양했으며, 어머니도 의롭게 여 겨 따랐다 한다. 이 일화는 노비를 포함한 모든 재산이 균 등하게 상속되었음을 뒷받침해 준다.

노비는 재산 중에서도 부동산이 아니라 동산動産이고, 더구나 스스로 움직이는 존재였으므로 조그마한 착오가 발생해도 분쟁의 여지가 많아 소유권과 상속권이 명확하게 규정되었다. 노비문서나 상속문서에는 노비의 전래에 대해서 아버지 쪽인 부변父邊, 아내 쪽인 처변妻邊, 어머니 쪽인 모변母邊으로 세분하여 싣고 있다. 그러니까 부부는 각기 자신이 마련한 노비를 자신의 이름으로 갖고 있었던 것인데, 그들이 사망하면 그들 소유의 노비는 자녀들에게 균등하게 상속되는 것이다.

토지와 노비 이외에도 모든 재산이 균분상속됨은 고려 전기의 인물인 권적權適의 예에서 알 수 있다. 그는 송나라에 건너가 과거에 급제하고 관직생활을 하다가 고려에 돌아와 계속 관직을 역임했다.

그는 송 황제로부터 받은 물건을 자녀에게 골고루 나누어주었는데, 장자에게는 관고官誥(관직임명서)를, 차자에게는 법화서탑法華書塔을, 딸에게는 관음상을 물려주었다. 물건 하나하나라도 자녀에게 고루 나누어주는 게 고려 때 부모의 모습이었으니 자녀를 똑같이 사랑했던 것이다. 반면 아버지 이공수(이자겸의 6촌)가 세상을 뜨자 남동생과 여동생에게 재산을 나누어주지 않고 독차지한 인색한 이지저는 인종 당시 비난의 대상이 되었다.

이처럼 고려시대에는 아들과 딸, 장자와 다른 아들 차별없이 재산을 균등하게 상속받았다. 물론 시집간 딸에게도 똑같이 적용되었다. 이는 장자와 장손으로 가계가 계승되어야 한다는 직계의식 내지 부계父系의식이 희박한 고려의 가족제도에서 기인했다.

또한 친가 · 외가 · 처가가 유기적으로 결합된 친족형태로 인해 딸 차별이나 장남 우대라는 사고방식이 고려사회에 자리잡지 않았던 것과도 관련되었다.

고려사회에서는 아들이 없더라도 대를 잇기 위해서 양자를 들이는 경우는 거의 없었다. 그래서 대가 끊기는 경우가 많았지만 그것은 후대 사람들의 눈에 그렇게 보이는 것이지 당시에는 개의치 않았다. 또한 남성이 장가들면, 일정기간 처가에 얹혀사는 혼인풍습도 균분상속의 성립에 영향을 주었다. 이렇게 고려의 가족제도 · 친족형태 · 혼인풍습 등이 복합적으로 작용하여 균분상속제를 정착시켰다고여겨진다.

조선 후기에 장남이 재산을 많이 상속받는 배경에는 제사권을 독점한 것과 관계가 깊다. 고려시대의 제사 형태는 아직 잘 알 수가 없는데, 조선 중기까지만 해도 자녀들이 돌아가면서 제사를 지내는 윤회輪回가 널리 행해진 것으로 보아 고려시대에도 그러했으리라 여겨진다.

자녀가 재산을 균분했으므로 제사도 윤회로 하는 것이 지극히 합리적이라 하겠다. 또한 불교사회였으므로 제사를 절에서 대행해 해결해주는 경우도 많았을 터인데, 이러한 측면도 균분상속제의 성립에 영향을 주지 않았나싶다.

조선 중기까지 지속된 균분상속

정치제도는 정치세력의 교체에 따라 쉽게 변하지만 사회제도의 근본적인 변화는 오랜 기간을 필요로 한다. 1392년에 고려가 망하고 조선이 건국되었다고 해서 사회가 갑자기 바뀌는 것은 아니었다. 지배층이 불교를 배척하고 유교를 강조했다고 해서 바로 유교사회가 열리지 않았던 것처럼 가족제도나 그와 관련된 재산상속도 상당히 오랫동안 고려적인 모습을 유지했다.

토지나 노비 등의 재산을 자녀가 균등하게 상속받는 풍습은 조선이 건국된 지 한참이 지나 1592년 임진왜란을 겪고서도 한동안 유지되었다. 장남우대·남녀차별은 17세기 중엽이 되어서야 서서히 나타나기 시작했지만 균분상속에 비해 비율이 높은 것은 아니었다.

18세기 중엽에 이르러서야 균분상속이 거의 사라지고 장남우대·남녀차별의 상속제가 지배적인 모습으로 정착했다. 그러니까 조선이 건국된 지 250년 동안은 균분상속이 지배했고, 그 뒤 100년 동안은 균분상속과 차별상속이 공존했다. 그런 다음에야, 즉 건국된 지 350년 정도가 지나서야 본격적인 차별상속이 시작되었다.

그러니까 사람들의 뇌리에 차별상속이 우리의 전통으로 인식된 때는 지금으로부터 약 250년 전에 불과하다. 우리의 전통은 차별상속이 아니라 균분상속이라고 말해야 하지 않을까?

남녀차별·장자우대의 상속을 인정하지 않고 자녀들이 동등하게 상속받을 권리를 규정하고 있는 지금 우리의 법은 고려시대~조선 중기까지 일반적이던 균분상속제와 상통하는 것이니 원래의 전통을 회복했다고 볼 수 있다.

그런데 법과 현실은 다르다. 고려시대~조선 중기의 균분상속은 실제적으로 행해진 사회현상이었지만, 지금 우리 사회에는 실제로 차별상속이 많이 이루어지고 있다. 부모가 장자에게 많은 몫을 준다든지 딸에게, 특히 시집간 딸에게는 한 푼 주지 않아도 그만이다.

부모가 돌아갔을 때 장자가 많이 가진다고 해서, 또 딸에게는 안 준다고 해서 소송을 제기하는 경우는 여전히 드물다. 그러니까 차남 이하의 아들, 아들이 아닌 딸은 재산 상속으로만 보면 지금보다 고려시대~조선 중기에 사는 게 더 수지맞는 일인 것 같다.

김창현

장가가는 남자들

'장가간다'는 말의 의미

대저 사람이 자식을 낳아 기르는 것은 장차 그 자식이 부모를 봉양할 것을 바라기 때문입니다. 그런데 고려의 풍속은 차라리 남자로 하여금 따로 살게 할지언정 딸은 내어 보내지 않음이 진秦나라의 췌서贅婿[처가에서 같이 사는 사위]와 비슷한 것입니다. 무릇 부모를 봉양하는 것은 딸이 맡아하는 일이므로 딸을 낳으면 은애恩愛와 근로勤勞로 밤낮 자라서 능히 봉양함이 있기를 바라는 것이온데 하루아침에 품안에서 빼앗아 4천리 밖으로 보내게 되어 발이 한번 문을 나서면 종신토록 돌아오지 못하니 그 정情에 어떠하겠습니까?

고려 말 이곡李穀은 원나라의 잦은 공녀貢女 요구에 대해 이를 폐지할 것을 요청하는 긴 상소문을 올렸다. 위 글은 당시 이곡이 원나라에 올렸던 상소문 가운데 일부를 발췌

한 것이다.

이 내용을 보면 고려시대에는 아들보다 딸이 부모 봉양에 책임을 더욱 지고 있었던 것으로 나타나 있다. 그리하여 결혼을 하면 여자가 남자의 집으로 '시집가는' 것이 아니라 남자가 장인의 집으로 '장가드는' 모습이 고려 사회의 자연스러운 풍경으로 떠오르는 것이다.

그렇다면 위 상소문의 내용은 진실일까, 아니면 이곡이 원나라의 공녀 요구를 폐지시키기 위해 과장하여 한 말일까? 이곡이 상소문에서 원의 요구를 물리치기 위해 고려의 서류부가혼婚留婦家婚 제도를 특별히 강조하여 말했으리라는 추측은 가능하다. 그러나 고려시대에 널리 행해졌던 서류부가혼의 사례는 여러 사료에서 많이 찾아볼 수 있다.

이규보李奎報의 문집 『동국이상국집』에는 장인·장모의 은혜를 언급한 부분이 나오는데, "처妻를 취함에 남자가 여자의 집으로 가니 무릇 자기가 필요한 것을 다 처가에 의지하므로 장인·장모의 은혜가 부모의 은혜와 같다"고 했다.

『조선왕조실록』에도 고려시대의 혼인풍속에 관해 언급한 부분이 있다. 『태종실록』의 태종 15년 기록을 보면 "전시대의 옛 풍습에 혼인의 예禮는 남귀여가男歸女家 남자가 여자의 집으로 가는 것하여 자손을 낳으면 외가에서 자라 외친의 은혜가 무거우므로 외조부모와 처부모의 상을 당할 경우 30일의 휴가를 주도록 하라"는 규정이 나와 있다.

이러한 역사적 기록을 볼 때 고려시대에는 결혼한 뒤 사위가 처가에 들어와 장인·장모를 봉양하고 사는 풍습이 있었던 것으로 보인다.

고려시대 '서류부가혼'의 모습

고려시대 '서류부가혼'의 기원은 일찍이 삼국시대에서 부터 찾아볼 수 있다. 고구려의 '서옥제婿屋制'는 혼인할 때 여자의 집 뒤켠에 '서옥'이라는 조그만 집을 짓고 사위를 맞아들였던 것으로 이후 자식이 자란 다음에야 부인은 남편의 집으로 갔다. 고구려를 비롯한 삼국시대에는 중국의 친영親迎남자의 집에서 결혼식을 올리고 신혼 첫날부터 거기서 거주하는 중국의 혼인제도과 반대되는 솔서제率婿制를 행했던 결혼풍속이 있었다.

그러나 이와 같이 여자의 집에서 머무는 결혼풍속이 우리나라의 모든 지역에서 시행되었던 것 같지는 않다. 지금의 함경도 지방에 위치했던 동옥저東沃沮에서는 민며느리제를 행했던 기록이 남아 있다.

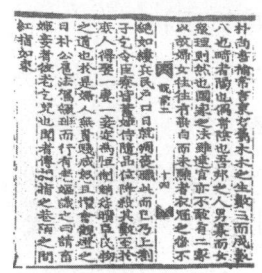

첩을 두자고 주장했던
박유(朴楡)의 상소문 내용
[『櫟翁稗說』前集2,「朴尙書楡」]

『삼국지』 동이전의 주석에 인용된 『위략』이라는 책에 동옥저에서는 여자가 10세가 되어 약혼하면 남자의 집에서 성인이 될 때까지 거주하고, 성인이 되면 다시 친정으로 돌아온다. 그리고 신랑집에서 신부의 값을 치르면 다시 신랑의 집으로 돌아간다고 했다.

민며느리제와 솔서제는 정반대되는 성격의 결혼풍속인데, 고려시대에는 전자의 풍습, 즉 솔서제의 풍습이 남아 서류부가혼의 전통으로 이어졌다고 할 수 있다.

서류부가혼에 따라 일단 처가에서 결혼을 한 남자는 꼭 여자의 집에서 살아야만 했던 것은 아니었다. 처가에 머무는 기간도 다양했다. 또 처가에서 나온 다음에 남자의 집으로 반드시 돌아가야만 했던 것도 아니었다. 사료의 기록을 보면, 처가에서 3년만 머물렀다가 분가한 사람이 있는가 하면, 24년 동안이나 장기간 처가살이를 한 사람도 있었다.

그리고 처가에서 머물다가 남자의 집으로 가서 사는 경우도 있고, 친정이나 시댁에서 가까운 곳에 따로 분가하여 살기도 했다. 분가하여 살던 부부가 나중에 장인·장모를 모시러 처가로 들어오는 경우도 있었다.

고려시대의 서류부가혼은 고대 이래로 전해 내려온 혼인풍습으로서 고려시대 전시기에 걸쳐 거의 모든 계층에서 행해졌던 것인데, 이 같은 혼인 이후의 거주형태는 고려사회가 남성을 통한 계보로만 구성되는 부계중심적 사회가 아니었다는 맥락에서 함께 이해되는 부분이다.

아내는 몇 명까지 둘 수 있었을까?

고려 태조 왕건은 아내를 29명이나 두었다. 그렇다면 고려시대에는 남자가 능력만 있으면 여러 명의 여자들을 거느리고 살 수 있었던 일부다처제 사회였을까? 혼인제도에 관한 연구가 시작된 초기에는 고려사회를 주로 일부다처제 사회로 이해해 왔는데, 이에 대한 반론이 제기되면서 최근 연구에 이를수록 일부일처제 사회였다는 주장이 많이 나오고 있다.

이러한 견해 차이는 연구자마다 근거로 들고 있는 사료의 차이에서 비롯함은 물론 같은 사료를 놓고 해석하는 시각이 다르기 때문에 발생하기도 한다.

먼저 고려사회가 일부다처제였음을 주장하는 견해는

여러 명의 왕비를 둘 수 있었던 고려의 왕들을 비롯하여 실제로 사료상에서 한 명 이상의 처를 두었던 사람들을 그 근거로 삼고 있다. 최충헌의 경우 문헌상 세 명의 처를 두었다고 기록되어 있고, 충숙왕 때의 사람 강윤충康允忠은 세 명의 처가 있는데도 남편을 잃어 상중喪中

제외구대부경진공문
(祭外舅大府卿晉公文)
이규보의 『동국이상국집』에 실린, 돌아가신 장인을 위해 지은 제문으로 서류부가혼에 관한 내용을 담고 있다.

에 있는 과부를 취했다는 기록이 있다. 그리고 우왕에게 아첨하여 사랑을 받았던 반복해潘福海는 두 명의 아내를 두고 있었다.

이에 대해 고려가 일부일처제 사회였음을 주장하는 쪽에서는 위의 사례들을 일반적인 경우가 아닌 특수한 사례로 본다. 당시 백성들은 왕실을 '별세계'라고 부르면서 자신들의 삶과는 한 차원 다른 것으로 인식하고 있었는데, 그러한 왕의 혼인 사례를 일반 백성의 혼인으로까지 확대 해석하는 것은 무리라는 지적이다.

최충헌 또한 당시 국왕에 버금가는 권세를 잡고 있던 사람이며, 강윤충·반복해 등은 정상적이 아니라 권력층의 비호를 받아 불법적인 형태로 여러 명의 아내를 두었던 경우라고 이해한다.

또한 사료에 보이는 '다시 처를 취했다[又娶]', '후에 처를 취했다[後娶]', '두번째·세번째 부인을 맞았다[二娶·三娶]'는 표현도 양쪽은 해석을 달리하고 있다. 다처제를 주장하는 쪽에서는 이야말로 여러 명의 부인을 두었던 다처제 사회의 증거라고 주장하는 반면, 일부일처제를 주장하는 쪽에서는 이 기록을 부인과 사별한 다음 재혼한 사례로 해석하고 있다.

상서[정3품] 박유[朴楡]의 상소문은 고려시대 부부의 형태를 알 수 있는 중요한 단서를 제공해 준다. 충렬왕 원년 2월, 박유는 몽골과의 전란과 그들의 공녀 요구로 인해 심각해진 고려의 인구감소를 막으려는 정책의 하나로 서처제[庶妻制]를 건의했다. 박유는 상소문에서 다음과 같이 왕에게 아뢰었다.

우리나라 사람은 남자가 적고 여자가 많은데 지금 위아래 모두 다 일처[一妻]에 그치고, 자식이 없는 자도 역시 감히 축첩[蓄妾]을 못하는데 이국에서 온 자는 처를 취함에 정한[定限]이 없으매 인물이 모두 장차 북쪽으로 흘러갈까 두렵습니다. 청컨대 대소 신료에게 서처[庶妻]를 취하게 하되 품급[品級]을 따라 그 수를 적게 하여 서인에 이르러서는 1처1첩을 취하도록 하며, 그 서처의 소생자도 또한 적자와 같이 벼슬할 수 있도록 하옵소서. 이와 같이 하시면 원광[怨曠]이 해소되고 호구가 증가할 것입니다.

그러나 때마침 재상 가운데 그 아내室人를 겁내는 자가 있어 의논을 중지하고 시행하지 않았다. 그렇지만 박유는 상소를 올린 뒤에 부녀자들의 시위를 받게 되었다. 사서의 기록에는 "부녀들이 이를 듣고 원망하고 두려워하지 않음이 없더니 마침 연등회가 있던 날 저녁에 박유가 어가를 호위하여 가니, 한 노구가 있어 그를 가리키며 말하기를 '서처庶妻를 두자고 청한 자가 저 늙은 거지 같은 놈이라'고 외치니 거리에서 그를 향한 여자들의 손가락질이 가득했다"고 전하고 있다.

이 같은 여자들의 반응은 전통적인 고려 사회의 부부형태가 일부일처제였을 가능성을 높여준다.

『고려사』 열전에는 원종 때 사람 임정기林貞杞가 노진의盧進義의 딸을 두번째 처로 삼았다가 파면된 기록이 있다. 일부일처제를 주장하는 쪽에서는 이를 두번째 부인을 들임으로써 처벌받은 예이며, 다처가 불법임을 보여주는 증거라고 말한다. 그럼에도 불구하고 왕실과 일부의 양반·귀족층에서는 다처 내지 축첩을 했던 사례도 많았던 것 같다.

그런데 다처인 경우에도 처들 사이에 별다른 차별이 있었던 것으로는 보이지 않는다. 아울러 부녀의 재가 역시

비교적 자유롭고 떳떳했다는 점에서 고려시대 혼인풍속의
일면을 엿볼 수 있다.

이예선

삼년상 기간은 27일이었다

고려장은 실재했나?

1983년 제36회 칸영화제에서 황금종려상을 받은 작품은 '나라야마부시코楢山節考'라는 일본 영화였다. 이 영화는 늙은 부모를 '나라야마'에 버린다는 일종의 기로棄老풍속을 소재로 한 것이다.

일본의 어느 산골마을에서는 늘 식량이 부족했기 때문에 기아棄兒, 즉 어린아이를 버리는 것을 묵인하며, 70세가 넘은 노인을 '나라야마'에 보내는 것을 당연시한다. 그래서 그들은 양심의 가책을 피하기 위해 여러 규칙을 만들어 놓는다.

'나라야마'에 가는 도중에는 절대 말을 해서도 안되고, 돌아오는 길에 뒤를 돌아보아서도 안된다.

고려시대 석관(石棺)

강화도에서 출토된 것으로 두께 2cm 가량의 편마암(片磨巖)으로 만든 석관. 앞에는 청룡(靑龍), 뒤에는 백호(白虎), 왼쪽에는 현무(玄武), 오른쪽에는 주작(朱雀)이 음각되어 있다. 이러한 크기의 석관은 대체로 화장한 후 뼈를 추려 모아 담는 세골장(洗骨葬)에 쓰는 경우가 많은데, 이것은 어린아이를 매장할 때 사용했던 관으로 보인다.[높이 38cm, 가로 84cm, 세로 54cm]

이는 부모와 자식이 서로 괴로운 상황을 피하기 위한 방법이었다. 또한 마을장로들은 '나라야마'에 가야 하는 부모와 자식을 위해 술을 돌려 마시며 작은 의식을 갖는다. 더 나아가 마을사람들은 양심의 가책을 없애기 위해 '나라야마'에는 죽는 자를 위해 신(神)이 기다리고 있다고 합리화한다.

이러한 기로풍습은 불교경전인 『잡보장경雜寶藏經』 기로국연棄老國緣조에도 전해져 온다. 국법에는 늙은이를 버리도록 했는데, 한 대신大臣이 이를 어기고 늙은 아버지를 숨겨 봉양했다. 나라에 어려운 문제가 닥쳤을 때 그 대신은 아버지의 지혜를 빌려 그것을 해결했는데, 이를 계기로 나라에서는 기로풍속을 폐지했다는 이야기이다.

기로설화는 우리나라에도 전해져 오고 있다. 옛날에

노인을 산중에 버리는 풍습이 있었다. 아버지가 나이가 들자 아들은 늙은 아버지를 지게에 지고 깊은 산중으로 들어가서 지게째 아버지를 버리고 돌아오려 했다. 그러자 그를 따라왔던 어린 아들이 그 지게를 다시 가져오려 했다. 아들에게 그 이유를 묻자, 아들은 "아버지가 늙으면 이 지게로 버리려고요"라고 대답했다. 이 말에 크게 뉘우친 그는 늙은 아버지를 집에 모셔와 잘 봉양했다는 것이다.

이 이야기는 우리나라에 전해져 오는 기로설화 가운데 대표적인 것인데, 중국 「효자전」의 원곡原穀 이야기도 이와 비슷한 내용이다.

이렇듯 기로설화는 우리나라뿐만 아니라 중국과 일본 등지에서도 전해오고 있다. 그런데 이러한 풍속을 우리나라에서는 '고려장高麗葬'이라 부른다. 그리고 고려장은 고려라는 말이 들어 있으므로 당연히 고려의 풍습일 것으로 생각한다.

그러나 중국 설화, 불경, 일본 영화에 등장하는 것처럼 기로풍습은 고려시대만의 악습이 아니었다. 식량이 부족했기 때문에 굶주림의 문제를 해결하는 방법으로 어쩔 수 없이 어린아이나 늙은이를 버리는 상황은 세계의 어느 곳, 어느 시기에나 있을 수 있는 일이었다.

노인을 산 속에 방치하는 것을 고려의 장례풍속으로 생각하는 것은 근거 없는 오해일 뿐이다. 『고려사』에는 "조부모나 부모가 살아 있는데 아들과 손자가 호적과 재산을 달리하고 공양을 하지 않을 때는 징역 2년에 처한다"고 규정하고 있다. 이렇게 부모에 대한 효도를 강조하는 사회에서 늙은 부모를 내다버리는 일이 풍습이었다고는 생각할 수 없다.

사람들에게 널리 인식되어 온 고려장이 고려시대의 장례풍속이 아니라면 고려사람들이 지내온 장례의 실체는 무엇이었을까?

화장이 주된 장례풍속

경종 원년(976)에 문무양반의 무덤에 대해 규정하기를 1품은 사방 90보, 2품은 80보, 높이는 각각 1장 6척이며, 3품은 70보에 높이는 1장이고, 4품은 60보, 5품은 50보, 6품 이하는 모두 30보로 하되, 높이는 각각 8척을 넘지 못하게 했다.

이러한 무덤에는 묻힌 사람의 행적을 후세에 남기고, 나중에 이장移葬할 때 후손이 조상의 묘임을 확인할 수 있도록 지석誌石을 묻었다. 이러한 묘지명墓誌銘에는 장례에 대한 기록도 남아 있는데, 매장埋葬한 경우도 있지만 죽은

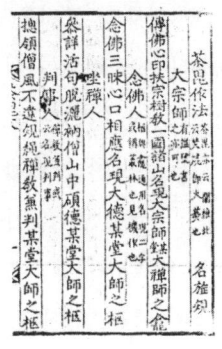

자를 화장火葬한 사례가 많이 나타난다. 화장하고 나서 얼
마 동안 사찰에 봉안한 뒤에 유골을 묻기도 했다.

고려시대에는 대체로 매장과 화장이 행해졌는데, 간혹
풍장風葬을 하는 경우도 있었다. 매장은 국왕과 왕비의 경
우에 주로 채택된 장례법이었다.

왕의 시신은 재궁梓宮이라 부르는 관棺에 안치하고 석실
분을 조성하여 매장했다. 석실의 벽면과 천장에는 성신도
星辰圖·사신도四神圖 등을 그리기도 했다. 능 주위에는 12지
신상의 호석護石과 여러 석물石物을 배치했다. 왕릉에는 특
별히 칭호를 붙였는데, 예를 들면 태조 왕건의 능은 현릉顯
陵이라 했다.

화장은 고려 사회가 불교의 영향을 깊이 받고 있었음을
알려주는 장례법이다.

공양왕 원년에 헌사憲司가 상소하기를 "근래에 불교의

다비법茶毗法이 성행하여 사람이 죽으면 시체를 뜨거운 불꽃 속에 넣어 장사를 지냅니다. 모발을 태우고 피부를 익혀 뼈만 남기는데, 심한 자는 뼈를 태워 그 재를 날려서 물고기와 새들에게 보시합니다. 반드시 이와 같이 한 연후에야 가위 하늘에 가서 태어날 수 있고 가위 서방西方에 이를 수 있다고 합니다. 이 이론이 한번 일어나매 사대부로서 고명高明한 자도 또한 모두 이에 현혹되어 죽으면 땅에 장사하지 않는 자가 많습니다"고 했다.

이 기사는 다비법, 즉 화장은 불교에서 온 장례방식으로 고려사회에서 널리 성행했음을 보여준다.

이렇듯 화장이 유행했던 고려시대에는 제사나 장례가 사찰에서 행해졌으며, 가묘家廟는 일반화되어 있지 않았다. 집에서 임종한 경우에도 빈소를 사찰로 옮겨 장례를 치렀으며, 심지어 사찰에서 임종을 맞는 경우도 많았다.

화장은 사찰 근처에서 이루어졌으며, 유골을 수습하여 사찰에 모시고 아침저녁으로 음식을 올렸다. 인종 11년(1133)에 "부모의 유골을 임시로 사찰에 안치해 놓고 여러 해에 이르도록 장례하지 않는 자가 있다"고 한 인종의 지적은 바로 이러한 사정을 말해준다.

유골은 얼마 동안 사찰에 봉안했다가 땅에 묻는데, 사망에서 유골의 매장까지 걸리는 기간은 일정하지 않았다. 묘지명에 따르면 사찰에 봉안한 뒤 매장하기까지 2~3년이 보편적이었는데, 짧게는 2개월에서부터 길게는 7년에 이르는 경우도 있었다.

고려시대 사람들은 화장을 행하고 장례를 사찰에서 치렀는데, 이에 따라 제사도 가묘제사를 하지 않고 사찰에서 재齋를 올렸다. 불교의 장례의식에서는 사망일로부터 49일이 되면 사십구재를 올리고, 100일이 되면 백일재를 올린다. 그리고 기일忌日에는 이른바 승재僧齋라는 재를 올리고 승려를 공양했는데, 사찰 봉안기간에는 주로 승려의 주도 아래 제사가 이루어졌음을 알 수 있다.

이러한 재를 준비하기 위한 비용은 아들과 딸이 균등하게 부담했다. 당시에는 아들과 딸이 균등하게 상속받았으므로 딸도 제사에 참여할 수 있었으며, 그 비용의 일부를 내는 것은 당연한 일이었다. 그리고 제사의 주관도 아들·딸 구분없이 행해졌는데, 이것을 '윤행輪行'·'윤회봉사輪廻奉祀'라 한다.

고려시대에는 주로 매장과 화장을 행했는데, 간혹 시체를 그대로 땅에 두고, 그 위에 풀을 덮어 인적이 없는 산야에 방치해 두는 풍장風葬도 장례의 한 방법이었다. 서긍은 『고려도경』에서 "만약 가난한 사람이 장사지내는 기구가 없으면 들 가운데 버려두어 봉분도 하지 않고 비석도 세우지 않으며, 개미나 까마귀 또는 솔개가 파먹는 대로 놓아두되, 모두 이를 그르다고 하지 않는다"라고 풍장의 모습을 기술하고 있다.

27일 혹은 100일 만에 끝낸 삼년상

죽은 이에 대해 상복을 입는 기간은 상례를 치르는 사람과의 친소親疎에 따라 달랐다. 이를 다섯 등급으로 나눈 오복제五服制는 친족의 대상에 따라 상복을 참최3년·자최3년 또는 1년·대공9월·소공5월·시마3월로 구분했다. 참최 3년과 자최 3년은 자식이 아버지와 어머니를 위해 입는 복제이다.

이러한 삼년상은 초상 뒤 1년이 되는 소상小祥과 2년이 되는 대상大祥, 그리고 대상 후 두 달 만에 지내는 담제를 포함해 실제로는 27개월이었다.

고려는 성종 4년(985)에 오복제를 마련했다. 그런데 고려의 오복제는 중국이나 조선시대의 것과는 일부 차이를 보이고 있다. 중국의 『의례』나 조선의 『경국대전』에 따르면 외할아버지를 위한 상복은 소공 5월로 되어 있는 데 비해, 고려는 자최 1년이었다. 처부모를 위한 상복은 시마 3월이었으나, 고려에서는 소공 5월이었다. 그리고 명종 14년(1184)에는 처부모복을 자최 1년으로 더욱 높였다.

이는 중국의 오복제를 거의 그대로 수용한 조선시대와는 다른 양상이다. 고려에서 처부모에 대한 복제가 이렇게 강조되고 있는 것은 신랑이 신부의 집에서 결혼식을 올리고 몇 년간 신부의 집에서 머물러 생활하는 풍습으로 인해 처부모와의 관계가 돈독했기 때문이다. 이러한 당시의 사회상이 고려의 오복제에 반영된 것이다.

그런데 삼년상을 규정한 오복제는 고려시대에 제대로 지켜지지 않고 있었다. 성종 11년 6월에 6품 이하로 상참관常參官에 들지 못하는 자는 부모상 100일 뒤에 관서의 책임자가 출사出仕를 권해 공무를 보게 했다. 목종 6년 6월에는 5품 이하 관리는 부모상 100일 후에 출사케 했다.

그러다가 현종 9년 5월에 문·무관이 상을 당하면 13개월의 소상小祥에 휴가 3일을 주고, 25개월의 대상大祥에는 휴가 7일을 주고, 27개월에 이르러 담제禫祭를 행하는데 휴가 5일을 주고, 비로소 28개월의 1일이 되면 공무를 보게 했다. 그러나 현종 19년 4월에 대상 이후이면 담제 전이라도 출사하도록 했다.

이처럼 삼년상은 제대로 지켜지지 않고 있었다. 삼년상을 엄격히 실시하면 국가사무에 중대한 지장을 초래하며, 현실생활에도 불편할 수밖에 없었다. 국방의 의무를 지고 있는 군관軍官에게는 더욱 지켜질 수 없는 것이었다. 따라서 이에 대한 단축은 불가피한 조처였다.

문종 8년에 방어관防禦官은 부모상에 100일이 지나면 부임케 했고, 충렬왕 7년에는 시졸은 비록 부모상을 당하더라도 50일이 지나면 종군하게 했다.

이색李穡은 공민왕 6년에 삼년상을 행하기를 요청했는데, 이에 9년 6월에 이르러 모든 관리의 친상親喪을 3년으로 정했다. 그러나 8월에 전쟁으로 군무軍務가 많다고 하여 삼년상제도는 시행되지 못했다. 그리고 공양왕 3년 5월에 삼년상은 천하의 통상적인 상례라 하여 삼년상을 마칠 수 있도록 했으나, 국가의 중대사에 관계된 경우는 백일상만 행하고 다시 벼슬에 나가게 했다. 그러다가 4년 4월에 군관에 대해서는 삼년상을 없앴다.

이렇듯 고려 말까지 삼년상제도는 일정 기간 행해지기도 했지만 시행과 중단을 반복했다. 대체로 고려시대 관리들은 100일 동안 상복을 입었는데, 공민왕 때의 정몽주鄭夢周나 우왕 때의 권거의權居儀·노준공盧俊恭 등은 이런 현실과는 달리 삼년상을 행했으므로 정표旌表했다고 한다. 이처럼 고려 말까지 삼년상은 특별한 경우로 받아들였다.

요컨대 고려의 관리들이 부모의 상을 당하면, 이들에게는 참최 3년과 자최 3년은 각 100일, 자최 1년은 30일, 대공 9월은 20일, 소공 5월은 15일, 시마 3월은 7일의 휴가가 주어졌다. 또한 매월 초하루와 보름에 각 1일, 대상·소상제에 각 7일, 담제에 5일간의 휴가를 주어 삼년상을 마칠 수 있도록 배려했다. 이처럼 부모상에는 100일 동안의 휴가가 주어졌는데, 이에 따라 관리들은 1백 일 만에 상복을 벗는 것이 일반적이었을 것이다.

고려시대에 삼년상이 제대로 시행되지 않은 것과 마찬가지로 상주의 여묘생활도 잘 지켜지지 않았다. 여묘란 상주가 분묘를 3년간 보살피는 일인데, 이 경우 국가에서는 여묘자에게 정문을 하사함으로써 그 효행을 기렸다. 그러나 그것은 일반적인 일이 아니었다.

고려의 지배층들은 노비에게 분묘를 지키도록 했으며, 3년이 지나면 그를 양인으로 신분을 상승시켜 주었다. 이렇게 된 것은 3년의 여묘살이가 그만큼 고된 일이었기 때문이다. 그러나 더 근본적인 이유는 사망에서 매장까지 화장·유골수습·사찰봉안·매장 등 여러 단계의 과정을 거쳐야 했으므로 따로 여묘생활을 한다는 것은 거의 불가능한 일이었다.

한편 고려국왕의 상례는 중국 한나라 이후 일반적으로 왕실에서 사용되던 이일역월제以日易月制를 채택했다. 역월제易月制로도 불리는 이 제도는 27개월로 끝나는 삼년상의 달을 날로 바꾸어 27일 만에 끝내는 단상제短喪制였다. 경종은 6년(981) 7월에 유언을 남기기를 "날로써 달을 바꾸어 13일로서 소상으로 하고 27일로서 대상으로 할 것이며, 왕릉의 제도는 검약하도록 하라"고 했다.

선종宣宗은 9년 9월에 왕태후 이씨가 돌아가시자 날로써 달을 대신하여 27일 후에 상복을 벗도록 했다. 이러한 역월제는 왕의 승하에 따른 정치적 공백을 최소화하고, 후대왕에게 안정적으로 왕위를 계승케 하려는 의도에서 시행되었을 것이다.

이상에서 살펴본 바와 같이 고려시대 사람들은 장례는 주로 화장을 행했고, 제사는 사찰에서 재齋를 거행했다. 그리고 오복제를 시행하여 부모의 삼년상을 규정해 놓고 있었으나 대체적으로 100일상이 행해지고 있었다.

이러한 고려의 상장례는 우리가 익히 알고 있는 조선시대의 상장례, 즉 『경국대전』에 귀천을 막론하고 누구든지 삼년상을 시행할 것을 규정하고, 가묘를 설치하여 여기에서 조상제사를 행하며, 주자가례에 따라 적장자가 기일제사를 주재하도록 한 것과는 매우 다른 것이었다.

김철웅

성이 달라도 내 조상 내 후손

밀양박씨인 사람에게 조상에 대해 물으면, 박혁거세부터 말하듯이 요즘 우리는 조상과 후손에 대해 이야기할 때 성씨의 '절대성'에서 벗어나지 못한다. 국어사전에 조상은 '자기 이전의 모든 세대', 후손은 '자신의 세대에서 여러 세대가 지난 뒤의 자녀'로 정의하고 있는데, 이런 해석이라면 조상과 후손에게 성씨는 그리 중요하지 않다.

자신의 성씨에 대한 '절대적' 관념은 조선 후기에 재산의 상속이 적장자 중심으로 이루어지고, 문중이 강조되면서 생겨난 것이다. 그 이전에는 자손이나 후손이 남자로만 이어지는 것이 아니어서 더 넓은 의미의 친족의식을 가지고 있었다. 고려시대 사회가 그 대표적인 사례라고 할 수 있다. 고려시대에는 사위나 외손이 아들·친손과 거의 동일하게 대우받았고, 넓게는 외할머니의 조상도 자신의 조상으로 여기는 동시에 외손의 외손도 후손으로 간주하고 있었다.

왕건의 직계조상에 여자가 있다니

새 왕조를 개창한 왕은 왕위에 추대될 때 스스로를 높이기 위해 조상에게도 왕호를 올리는 것이 상례이다. 고려를 건국한 왕건은 마찬가지로 왕위에 오른 다음해인 태조 2년(919) 3월에 자신의 3대에 걸친 조상들을 왕과 왕후로 봉했다.

그런데 3대 조상인 원덕대왕元德大王 보육寶育과 정화왕후貞和王后 진의辰義는 부부가 아니고 부녀이다. 왜 이런 일이 생겼을까?

왕건의 조상으로 가장 먼저 알 수 있는 사람은 호경虎景으로 그의 아들 강충康忠이 서강西江(예성강) 영안촌永安村의 부잣집 딸 구치의具置義에게 장가들어 낳은 자식이 이제건伊帝建과 보육이다.

보육은 출가하여 스님이 되었다가 형이 사는 곳으로 옮겨와 살았는데, 어느 날 '산에 올라가 오줌을 누었더니 그 오줌이 삼한三韓 산천에 가득 차고 다시 은빛 바다로 변하는' 꿈을 꾸었다. 그 꿈의 내용을 형에게 이야기하자 '하늘을 버틸 만한 기둥'이 될 수 있는 자식을 낳을 것이라고 하면서 그의 딸 덕주德周를 아내로 삼게 했다.

보육과 덕주는 두 명의 딸을 두었는데, 그 가운데 둘째가 진의이다. 진의가 성년이 되었을 때 어느 날 언니가 꿈에 '산 정상에 올라가 오줌을 누었더니 그것이 천하를 뒤엎었다'는 이야기를 하자, 진의는 언니의 꿈을 비단치마와 바꾸었다.

그 후 중국 당나라 황제인 숙종肅宗宣宗이라는 설도 있다이 즉위하기 전에 산천을 유람하다가 바다를 건너 패강浿江, 즉 대동강 서포西浦로 오게 된다. 숙종은 송악松嶽, 즉 개성으로 와서 보육의 집에 머물다가 진의와 정을 통하고 그로 인해 진의는 임신을 하게 되었다.

숙종은 떠나면서 자신은 당나라 귀족이라고 밝히고, 활과 화살을 주면서 아들을 낳으면 주라고 했다. 진의가 낳은 아들이 작제건作帝建이고, 그의 아들이 태조 왕건의 아버지인 용건龍建인데, 뒤에 융隆으로 개명했다.

이러한 내용을 정리하면 왕건의 3대 조상은 증조부인 당 황제 숙종이 되어야 하는데, 왜 외고조인 보육이라고 했을까? 이 문제는 고려시대 당대에도 논란을 불러, 고려 후기의 유명한 학자 이제현李齊賢이 그에 대한 논평을 하면서 여러 가지 가능성을 제시하고 있다.

그러나 이제현도 명확하게 설명하지 못했으며, 그 내용을 담은 『고려사』 편찬자들마저 그것을 허황하다고 하면서도 후대사람으로서 임금의 혈통에 관한 이야기를 의심

할 수 없으므로 그대로 서술한다고 했다.

그렇다면 증조모인 진의와 그의 아버지를 태조 왕건의 조상으로 기술한 실제 이유는 무엇일까? 아마도 진의가 관계하여 작제건을 낳게 한 사람을 정확하게 알 수 없었기 때문일 것이다.

당나라 숙종이나 선종이라는 설이 있기는 하지만, 그것은 가능성일 뿐 확실한 사실이 아니다. 게다가 전하는 기록에 의하면 당시 세상에 알려진 많은 사람들이 중국의 유명 성씨의 자손이거나 중국 귀족이 우리나라에 와서 낳은 후손이라고 한다. 그러므로 진의와 관계한 사람이 숙종이라는 이야기는 왕건의 집안에서 자신들을 미화시키기 위해서 만든 것일 수도 있다.

더욱이 고려시대나 이전 시기에 자신의 혈통을 부변父邊뿐 아니라 모변母邊으로 계승하는 경우도 있었기 때문에 여자이지만 진의를 자신의 주요한 혈통의 하나로 이야기할 수 있었을 것이다.

그 당시 성씨가 지금처럼 보편화되지는 않았지만, 부변으로 이어지는 성씨만을 중요하게 여겼다면 호경과 보육은 왕건의 조상이 될 수 없다. 그럼에도 불구하고 이것이 가능했던 것은 모변으로도 가계가 이어질 수 있다는 관념이 그들에게 있었기 때문이다.

왕씨 왕비들은 어머니 성을 따랐다

고려시대나 그 이전 시기에는 요즘처럼 아버지의 성씨를 따르는 것이 아니라 어머니의 것을 따르는 경우가 있었다. 신라시대에는 아버지와 어머니의 성씨 중에서 사회적 지위 등을 고려하여 자기에게 유리한 것을 선택할 수 있었다고 한다. 그래서 우리에게 박제상朴堤上으로 알려진 사람이 『삼국유사』에는 김씨로 되어 있고, 자신의 목숨을 버리면서까지 불교가 신라에서 공인되도록 한 이차돈異次頓은 박씨라는 기록도 있고 김씨라는 설도 있는 것이다.

고려시대에도 어머니의 성씨를 사용하는 경우가 있었는데, 이것은 왕실의 근친혼 때문에 야기되었다. 고려 전기에 국왕들은 간혹 왕씨王氏성을 가진 여자, 즉 고려왕실의 공주들을 맞이했으므로 이러한 근친혼을 숨기기 위해 공주들은 자신의 어머니 성을 따랐다. 또 그 어머니까지 왕씨인 경우 외할머니의 성을 따른 것이다.

이렇게 모변의 성씨를 따르는 것은 앞서 말했듯이 왕실의 근친혼을 숨기려는 의도이기도 했지만, 그들이 아버지 쪽뿐만 아니라 어머니 쪽에 대해서도 후손관념이 있었기 때문에 가능한 일이었다.

또한 고려의 수도 개경에서 태어난 국왕들과 본래 왕씨인 왕비들이 자신의 고향을 개경이 아니라 다른 지방으로 지칭하는 경우가 있는데, 바로 이 지역도 자신의 어머니 쪽 본관이거나 고향이다. 어머니의 고향을 자신의 그것과 동일시하는 것은 어머니 쪽으로 이어지는 계통까지 자신의 조상으로 인정하고 있기 때문에 나타나는 현상이다.

고려 후기에 만들어지기 시작한 족보에서도 요즘과는 다른 후손관념을 알 수 있다. 『해주오씨족도海州吳氏族圖』나 『문화유씨가정보文化柳氏嘉靖譜』·『안동권씨성화보安東權氏成化譜』에는 자기 성씨를 보유한 사람뿐 아니라 다른 성씨를 가진 많은 사람들의 이름과 그들의 가계가 기록되어 있다.

한 가지 예를 살펴보면, 『문화유씨가정보』에는 고려시대 정승이었던 권부權溥가 기록되어 있다. 이는 권부가 유공권柳公權의 5대손이기 때문인데, 유공권의 증손자의 딸이 권부의 어머니로서, 역시 어머니 쪽으로 이어지는 가계의식을 가지고 있었던 것이다.

이처럼 남자로 이어지는 계보뿐만 아니라 그들의 외손과 또 그들의 외손까지 기록하다 보니, 『해주오씨족도』에 기록된 총 212명 가운데 요즘 관념으로 진짜 해주오씨는 24명에 불과했고, 『안동권씨성화보』의 총인원 8천여 명 가운데 안동권씨 남자는 380명, 『문화유씨가정보』의 3만 8천여 명 가운데 유씨 남자는 1천4백 명에 지나지 않는다.

이러한 계보의식을 가지고 있었기 때문에 모씨某氏의 종宗이나 모씨의 족族이라고 하면, 고려시대에는 단순하게 그 성씨의 사람만을 이야기하지 않았다. 실례로 현종 10년(1019)에 죽은 유진劉瑨에 대한 기록에 따르면, "왕후나 비빈으로서 성이 유씨인 자들은 모두 다 이 집안 출신이었다"고 한다.

유진이 죽기 전에 유씨 성을 가진 후비로는 태조의 비인 신명순성왕태후神明順成王太后, 경종 비 헌의왕후獻懿王后, 성종 비 문덕왕후文德王后, 목종 비 선정왕후宣正王后가 있다.

그러나 실제로 자신의 아버지가 유씨인 경우는 신명순성왕태후뿐인데, 그녀는 유긍달劉兢達의 딸이다. 헌의왕후는 종실인 문원대왕文元大王 정貞의 딸인데, 정은 태조와 신명순성왕태후에게서 태어난 사람이다. 문덕왕후는 광종의 딸로 할머니가 신명순성왕태후 유씨이다. 선정왕후는 종실 홍덕원군弘德院君 규圭의 딸로 정확히 어떤 연유로 유씨를 칭했는지는 알 수 없지만, 아버지의 성을 따르지 않은 것만은 확실하다.

이렇듯 아버지의 성이 유씨인 경우는 신명순성왕태후뿐이고, 헌의왕후와 문덕왕후는 할머니가 유씨인데도 불구하고 모두가 유씨의 종宗이라고 기록된 것은 계보의식이 부변으로만 계승되지 않았음을 확인시켜 준다.

외손자가 집안과 지위를 상속하다

이미 알다시피 고려시대에는 부변뿐 아니라 모변에 대해서도 혈연의식을 가지고 있었다. 또한 의식에만 한정되지 않고 실제로 사회적 지위나 가문을 계승하는 경우도 있었다.

문종 원년(1047) 3월 문하시랑평장사[정2품] 황보영皇甫穎은 후사가 없었으므로 임금에게 청해 외손 김녹숭金祿崇을 자신의 후계자로 삼았다. 이 때 김녹숭이 9품의 관직을 받게 되었으므로 황보영의 가문을 잇고 그 사회적 지위마저 상속했다고 할 수 있다.

또한 결과적으로는 시행되지 않았지만, 최씨 무신정권의 2대 집권자였던 최이崔怡는 자신의 사위와 외손자에게 그 지위를 물려주려고 했다. 최이는 기생 어머니에게서 태어난 아들들을 출가시켜 스님으로 만들고, 자신의 사위에게 집권자의 자리를 상속하려고 했다.

그러나 사위 김약선金若先과 외손자 김미金敉의 세력이 강해져 자신에게 위협이 되자 그들을 제거하고, 뒤에 최항崔沆으로 개명한 아들 만전萬全을 불러들여 후계자로 삼았던 것이다.

아무튼 외손자가 외가의 재산을 상속하게 되면, 아마도 그 제사까지 받들었을 것이다. 사실 고려시대는 불교식 상례喪禮와 제례祭禮가 행해진 경우가 많았으므로 자식들은 그 비용만을 담당하기도 했는데, 이 때도 아들과 딸의 구분이 없었다. 그리고 고려시대에는 자식들이 돌아가면서 제사를 지내는 윤행輪行이 이루어지고 있었기 때문에 딸이나 외손자도 조상의 제사에 참가하고 있었다.

굳이 아들이 없어도 양자를 얻어 가문을 잇지 않았는데, 이런 경우 딸과 외손자가 그 집안의 사회적 지위·재산뿐만 아니라 제사까지도 상속했다고 보아야 한다.

고려시대에는 이와 관련된 기록이 없지만, 조선시대 『중종실록』에 "우리나라에서는 비록 사대부가 아들이 없는 경우라 하더라도 후손을 세우지 않고 딸로 하여금 제사를 주관케 한다"라는 기사로 미루어보건대 고려시대에도 이와 유사했으리라고 짐작할 수 있다.

개인적으로 외손자를 자신의 후계자로 삼은 것 이외에도 고려시대에는 제도적으로 외손자에게 자신의 사회적 지위를 계승시킬 수 있었다. 아버지나 할아버지 등 조상의 음덕으로 자손이 관리가 될 수 있는 음서蔭叙제도가 있었기 때문이다. 이 음서의 대상자에는 아들·손자·사위·외손자·아우·생甥·질姪이 포함되는데, 이들 대상자 가운데 사위·외손자·생은 부계혈통이 아니다.

또한 일반음서 외에도 조종묘예음서祖宗苗裔蔭叙나 공신
자손음서功臣子孫蔭叙의 경우에는 더 광범위한 자손들이 그
혜택을 받을 수 있었다. 조종묘예음서는 왕족의 후예에게
주어지는 것이고 공신자손음서는 공신의 후손에게 주어
지는 것인데, 일반음서의 범위가 손자대에 그치는 것에
비해 조종묘예음서는 거의 한계가 없이 적용되었고 공신
자손음서는 최대 10세손에 이르는 자손에게 그 혜택이 주
어졌다. 또한 그 자손도 남자로 이어지는 직계에만 한정
하지 않았으며 그 사이에 여자가 끼어 있어도 문제가 없
었다.

예를 들면, 고종 40년(1253) 6월에 내려진 조서에서 배향
공신의 후손 가운데 음서를 받을 수 있는 대상은, 남자로만
이어지는 9세손부터 협5녀挾五女인 8세손까지였다. 협5녀
라는 것은 남자조상에서부터 음서를 받을 수 있는 남자후
손 사이에 모계로 5대까지 낄 수 있다는 뜻이다.

간단히 도식화해 보면 가장 넓게 보아서 조상[음서를 줄
수 있는 삼한공신]-아들-딸-딸-딸-딸-딸-후손[음서를 받을
수 있는 남재]의 경우도 음서를 받을 수 있는데, 위의 도식에
서 아들과 딸의 어떤 조합이라도 그 후손은 음서를 받을
수 있다는 것이다. 이렇게 넓은 범위의 자손들이 음서를
받을 수 있었다는 것은 당시 이들 범위까지도 조상과 후손
으로 간주하는 관념이 있었다는 반증이 될 수 있다.

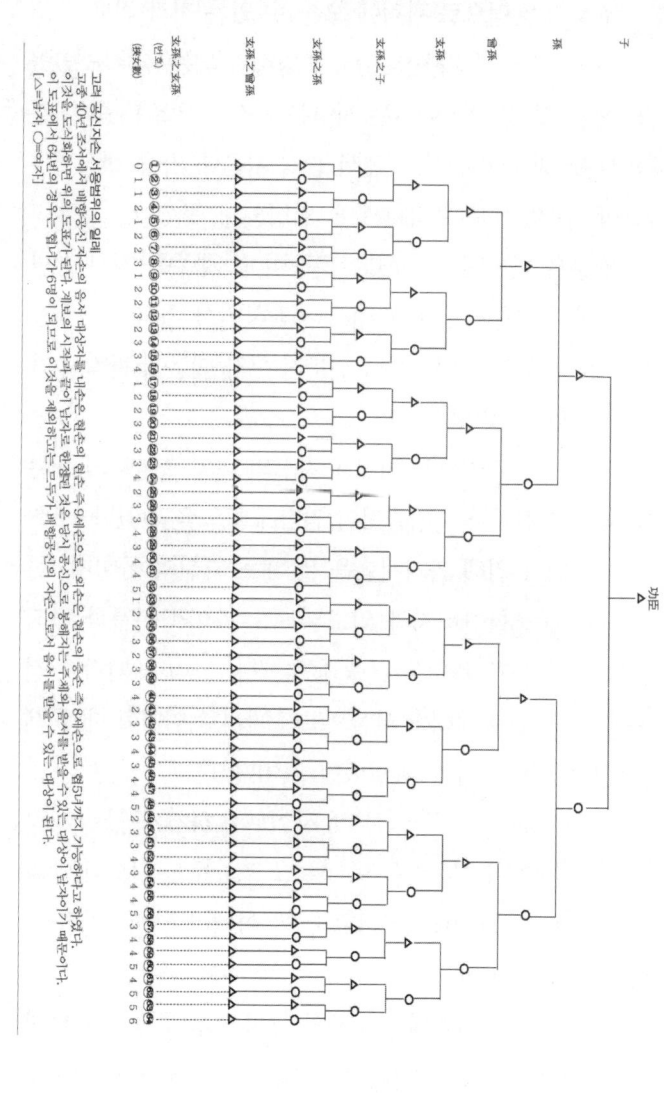

子
曾孫
孫
孫
玄孫
玄孫之子
玄孫之孫
玄孫之曾孫
玄孫之玄孫
(來孫)

功臣

고려 공신자손 서용범위의 원리

고종 40년 조서에서 배향공신 자손의 용서 대상자를 내손의 원손 등 9세손으로, 외손은 원손 등 5세손까지 가능하게 하였다. 이것을 도시화하면 위의 도표가 된다. 개념의 시작과 같이 남자로 한정할 것은 남자 후손으로 주체와 용서를 받을 수 있는 대상이 남자이기 때문이다. 이 도표에서 64명의 경우는 헤아리기 어려우므로 이것을 세외하고는 모두가 배향공신의 자손으로서 용서를 받을 수 있는 대상이 된다.

[△=남자, ○=여자]

조상의 은덕으로 관직에 오를 수 있는 것과 반대로 조상의 하자로 인해 자신의 출세에 방해가 되는 경우도 있었다. 선종 때 정문鄭文이라는 사람은 자신의 외조부 쪽이 부곡인部曲人과 관련된다고 해서 관직 가운데 가장 핵심이라고 할 수 있는 청요직淸要職에 임명되지 못했다.

정문은 과거에 급제했고, 문종이 그 재주를 칭찬할 만큼 능력이 입증되었고, 관리로 재직하면서 치적이 있었음에도 불구하고 외조부 쪽의 신분적 하자 때문에 관직에 제약을 받았던 것이다.

고려시대 관리들은 이렇게 자신의 내외 조상들의 신분에 따라 승진이나 특정관직의 임명에 제약을 받았다. 또한 관리가 되기 위해 과거시험을 볼 때도 자신의 아버지·할아버지·증조할아버지와 외조부, 즉 4조祖의 이름과 관직 등을 기록한 가장家狀을 제출해야 했다. 관리가 되기 이전부터 그 조상에 대해 조사함으로써 관리로 임명할 때 문제가 없는 사람인가를 확인했던 것이다.

고려시대는 철저한 신분제 사회로서 하자가 있는 사람이 지배층에 끼어들지 못하도록 그 조상들의 신분까지 확인했는데, 그 확인대상은 부변뿐만 아니라 모변·처변妻邊까지도 포함되었다.

이렇게 고려시대에는 현재와 달리 조상과 후손에 대한 한계가 넓었고 성씨에 제한받지 않았다. 조상과 후손이 부계로만 이어지지 않았기 때문이다. 자신의 조상이나 후손은 부변·모변의 혈연을 모두 포함했던 것이다.

박윤진

고려시대 가족구성은 어떠했는가?

고려시대 가족에 대한 연구만큼이나 합의점에 도달하지 못한 주제는 그리 많지 않다. 가족 규모를 두고 고려는 2세대 또는 3세대 이상이 하나의 가족을 구성하는'대가족' 사회, 부부와 미혼의 자녀만으로 이루어진'소가족' 중심 사회 또는 그 중간 형태로서 중가족 사회였다는 주장까지 논의가 다양하다.

호적과 가족의 규모

가족 규모에 대한 논쟁에서 현재 주목되고 있는 것은 호적자료이다. 고려의 호구단자戶口單子와 준호구準戶口는 현재 몇몇 조선 전기의 족보에 기록되어 있으며, 국보로 지정된 고려 말의 『국보호적國寶戶籍』도 있기 때문에 이 분

고려 말 화령부 호적
이는 일명 '이태조호적(李太祖戸籍)'이라고 불린다.

야 연구에서 매우 귀중한 자료로 이용되고 있다.

호구단자는 국가에서 호적을 작성할 때, 해당 집안에서 자신들의 가족 구성을 관에 보고했던 문서이며, 준호구란 각 집안에서 바친 호구단자를 이용해서 호적을 작성하고, 그 호적 기록을 근거로 국가로부터 재발급받은 문서를 가리키는 용어이다. 준호구는 요즘으로 말하자면 '주민등록등본'과 같은 것이다.

그런데 현재 남아 있는 호적 관련자료들은 애석하게도

그 양이 매우 적은데다 대부분 고려 후기의 것으로 편중되어 있어서, 고려의 전반적인 가족 규모를 추정하는 데는 미흡한 감이 없지 않다.

이런 한계점을 감안해 고려의 가족 규모를 추정해 보면, 고려는 대가족 사회라고 할 수 있다. 매우 적은 양이어서 통계값을 내기 불안하지만, 특히 1300년대 이후의 호적 자료를 살펴보면 총 34호 가운데 약 4분의 3이 2쌍 이상의 부부로 구성되어 있음을 알 수 있다.

국가에서 호적을 작성하는 의도는 국역國役을 지는 남자의 소재와 수를 파악하는 데 있기 때문에, 자연히 호적에는 국역의 의무를 진 정남丁男[16~60세 남자]에 관한 기록은 비교적 충실하지만 여자와 유아幼兒에 대해서는 그렇지 못하다고 할 수 있다.

따라서 기록상 정확하다고 판단되는 20세에서 30대까지의 정남을 정점으로 피라미드형 인구 분포를 가정하면, 고려의 호당 평균 가족원수는 10.25명이다. 이와 같은 계산방식이 인정된다면, 고려는 대가족 중심의 사회였다고 할 수 있다.

게다가 호적에 기록된 호주의 연령을 조사해 보면, 대가족적 성향을 다시 한번 엿볼 수 있다. 만약 소가족설을 주장하는 학자들의 말대로 차남 이하의 분가分家가 일반적이었다면, 당시의 평균 연령을 고려할 때 30대의 호주가 다수라야 하는데 실상은 그렇지 않다. 즉 국보호적에 기재된 호주의 연령을 살펴보면 30대보다는 56~60세의 고령자가 더 많다. 이 사실은 당시 분가가 일반적이지 않았음을 보여주는 것이라 할 수 있다.

위와 같이 대가족설을 주장하는 학자들은 호적자료를 적극적으로 활용하는 데 비해, 소가족설을 주장하는 쪽에서는 호적자료의 한계성에 더욱 주목한다.

이들은 우선 호적에서의 1호戶와 실제 가족을 혼동해서는 안된다고 강조한다. 이미 설명했듯이 호적은 국역國役의 확보를 위해 국가에서 만든 문서이기 때문에, 실제 가족을 그대로 반영한 자연호自然戶가 아니라 행정적으로 편성된 편호編戶가 호적기록의 중심이 되었을 가능성이 높다.

게다가 개경에 있는 호들을 크게 대·중·소로 나누었다거나 3가家의 자연호를 1호戶로 삼아 3가에서 돌아가면서 군역에 종사하도록 했다는 『고려사』 등의 기록에서, 당시에는 편호제編戶制가 실시되었음을 확인할 수 있으므로, 호적상 1호가 자연호 1호를 그대로 반영하고 있다고 단정할수 없다.

따라서 이런 호적자료를 가지고 평균 가족원수를 계산하고 대가족 중심이었다고 주장한다면, 그것은 잘못된 자료를 근거로 결론에 도달하는 오류를 범하는 것이다.

다음으로 2쌍 이상의 부부를 포함하는 대가족적 모습

을 보여주는 호에서 그 가족원을 자세히 살펴보면, 고령의 자녀 또는 형제자매가 미혼으로 기록된 점이 눈길을 끈다. 이들이 고령임에도 결혼을 하지 않았다고 판단하기에는 그 경우의 수가 너무 많다. 따라서 고령 미혼자의 존재는 호적자료의 미비성을 보여주는 대표적인 사례라고 판단할 수 있다.

고려 말에 통치질서가 문란해짐에 따라 호적상 많은 누락이 생김으로써 실제로는 혼인으로 분가한 형제자매와 자녀가 호적에는 여전히 미혼으로 기록된 경우라고 할 수 있다. 따라서 부실한 고려 말의 호적자료를 기준으로 고려가 대가족 중심 사회였음을 주장하는 것 또한 위험한 결론이라는 것이다.

이런 점에서 소가족설을 주장하는 학자들은 현존하는 호적 가운데 비교적 덜 부실하다고 판단되는 1200년대의 호적자료에 주목해야 한다고 주장한다. 고려 말의 호적과 달리 이 시기의 호적은 한 쌍의 부부로만 이루어진 가족이나 어느 한쪽의 노부모를 모시는 단위로 이루어진 소가족 구성이 많다. 즉 고려에서 통치질서가 문란해지기 이전의 1200년대 호적에 소가족적 구성을 보여주는 경우가 많음은 고려가 전반적으로 소가족중심 사회였음을 보여주는 것이라고 할 수 있다.

이런 사실을 인정한다면 소가족이 우리나라에서 주요

한 가족 규모로 정착하게 된 것은 언제부터일까? 이 문제에 대해 소가족설을 지지하는 학자들은 통일신라 말기의 기록인『신라장적』에서 시사점을 찾고 있다. 이 문서 역시 편호를 중심축으로 기록되었기 때문에, 8~14명에 달하는 평균 가족원수를 보여주고 있다.

그러나 실질적인 가족 규모를 가늠할 수 있는 이주移住 때의 단위가족은 소가족적인 모습을 드러내고 있다. 즉 이주는 특별한 경우를 제외하고는 실제 동거하는 가족단위로 이루어진다고 판단되는데, 그 규모가 소가족적이라는 이야기이다. 따라서 신라 말기에 이미 소가족을 중심으로 하는 단위가족이 대두하기 시작했음을『신라장적』을 통해서 알 수 있는데, 고려시대에 들어서면 이런 경향이 더욱 확산되어 소가족중심 사회로 진행되었음을 여러 자료를 통해 확인할 수 있다고 주장한다.

고려의 가족 규모를 제대로 파악하기 위해서는 호적과 같은 기록이 많이 남아 있어야 한다. 그런데 현재 남아 있는 자료의 양이 그리 많지 않고 그나마 고려 후기의 것에 편중되어 있기 때문에 문제 해결에 적극적으로 활용하기 어려운 일면이 있다. 따라서 같은 자료를 이용하면서도 위와 같이 대가족설과 소가족설이 나란히 등장하고 있다.

설사 많은 양의 호적자료가 전시기에 걸쳐서 골고루 남아 있다고 하더라도, 호적자료만으로 고려의 가족 규모를 추정하는 데는 또 다른 난점이 있다. 바로 통계의 오류이다. 호적자료와 같은 것을 이용하여 통계값을 낼 때는 항상 유의해야 할 점이 있다. 그것은 통계상 다수라고 인정된 가족의 규모가 정말 그 사회가 지향하는 이상적인 가족인지 여부를 따져보아야 한다는 것이다.

통계상으로는 소가족이 다수를 차지하고 대가족 비율이 소수일지라도 그 사회가 사회통념상 대가족중심을 지향할 수 있기 때문이다. 서양의 중세사회가 바로 그런 경우였다. 우리의 호적자료와 유사한 교구기록으로 통계를 내면, 소가족 비율이 높지만 사회통념상으로는 대가족을 지향하는 사회였다고 한다.

통계상 소가족 비율이 높은 이유는 수명과 직결된다. 서양의 중세에는 사람의 평균수명이 매우 짧아서 자식이 결혼할 때 그 부모가 생존해 있을 확률이 낮았다. 따라서 통계상 부모와 자녀 부부가 함께 거주하는 대가족 비율이 낮을 수밖에 없지만, 사회통념상 서양 중세사회는 대가족중심을 지향한 사회라고 규정지을 수 있는 것이다.

이와 같은 서양의 연구사례를 고려시대 가족 연구에도 적용할 필요가 있다. 즉 호적자료의 통계값만으로 고려 사회의 전체 가족 규모를 단정하는 것은 잘못된 결론에 도달할 위험성이 높기 때문이다.

통계값과 함께 사회통념 또는 경제생활을 조사하여 그

사회가 이상적인 형태로 여기는 가족의 규모를 추적하는 것이 좀더 현실에 접근하는 방법이라 할 수 있다. 이런 점에서 '별적이재금지법'은 고려의 이상적 가족 규모를 추적하는 데 매우 귀중한 논거라고 할 수 있다.

별적이재금지법

『고려사』에 따르면, 고려는 별적이재금지법別籍異財禁止法이란 형법을 제정했다고 한다. 이 법은 "조부모나 부모가 살아 있을 때, 그 자손이 호적을 달리하고別籍 재산을 나누고異財 공양을 하지 않으면 도형徒刑징역형 2년에 처하며, [조부모나 부모의] 상례 중에 호적을 달리하면 도형 1년에 처한다"는 것이다. 부모가 살

별적이재금지법
(別籍異財禁止法)이
기록되어 있는
『고려사』 형법지

아 있는 동안 호적을 달리하거나 재산을 나누는 것이 금지되었으므로, 이 법이 제대로 지켜졌다면 고려는 대가족중심 사회였다고 할 수 있다.

고려가 별적이재금지법을 제정하면서까지 대가족제를

유지하려고 했던 것에 대해, 대가족설을 지지하는 학자들은 두 가지 이유를 들고 있다.

우선 유교 덕목 가운데 하나인 부모에 대한 효도를 권장하려는 목적에서 나온 정책이라는 것이다. 즉 부모에 대한 봉양 의무를 법으로 규정함으로써 불효를 막으려는 의도라는 것이다.

다음으로 대가족제를 유지함으로써 각 호戶마다 농사에 필요한 최소한의 노동력을 확보하려는 의도인데, 국가의 입장에서는 안정적으로 세원稅源을 확보할 수 있기 때문에 이런 법을 제정했다는 것이다.

고려의 주산업은 두말할 필요없이 농업이었다. 당시의 농업생산력이나 기술은 형편없었고, 조선 후기처럼 집약적 농업기술도 발전하지 못한 상태였다.

비료와 제초술除草術의 발전이 이루어지지 않았고, 이앙법도 아직 도입되지 않았다. 집약적 농법이 발달한 조선 후기에는 1결結의 토지로 5인가족의 생계유지가 가능했다면, 고려시대에는 그보다 더 넓은 토지가 필요했다는 이야기가 된다.

바꿔 말하면, 5인으로 구성된 한 가족이 생활하기 위해서는 고려시대에는 조선 후기에 비해 더 넓은 토지를 소유해야만 했고, 같은 면적의 토지를 경작하더라도 조선 후기에 비해 더 많은 노동력을 확보해야만 했다.

가족 노동력 외에 많은 노비를 소유하고 있던 귀족이나 관료는 위와 같은 조건에 얽매이지 않았겠지만, 가족 노동력 말고 다른 노동력을 확보할 수 없었던 일반 농민은 분가를 억제하여 가족 노동력을 최대한 확보하는 것이 그들의 생계를 위한 필수였다. 따라서 국가에서는 일반 농민들에게 재생산 조건을 마련해 주고, 그들을 안정적인 세원으로 확보하려는 목적으로 위와 같은 법을 제정함으로써 대가족제를 유지하려고 했다는 설명이다.

반면에 소가족설을 주장하는 학자는 법 원문에서 '공양을 하지 않으면'이라는 대목에 중점을 둠으로써, 부모가 살아 있을 때 호적을 달리하고 재산을 나누어도 그 부모에 대한 공양을 궐闕하지[빠뜨리지] 않는다면 국가에서는 처벌을 하지 않았다고 주장하고 있다.

이 법률은 중국 당나라의 형법을 우리 실정에 맞추어 약간 수정한 것인데, 당나라 형법에서는 "조부모나 부모가 [자손으로 하여금] 호적을 달리하도록 한 경우, 자손에게는 형벌을 가하지 않지만 그 조부모나 부모는 형벌을 받아야 함"을 추가로 규정하고 있다. 그런데 고려에는 '별적'과 '이재'를 시킨 부모에 대한 처벌규정이 없는 것을 볼 때, 고려에서는 부모나 조부모가 분가를 시킨 것은 아무 문제가 되지 않았다고 주장한다.

즉 이 법은 분가를 금지한 것이 아니라, 분가를 하여

부모를 공양하지 않는 경우에 대한 처벌규정이기 때문에, 분가한 그 자체에 대해서는 별도의 처벌규정이 필요없었다는 것이다. 그러므로 소가족설을 지지하는 학자들은 별적이재금지법의 해석만으로 고려가 대가족중심 사회였다고 단정해서는 안 된다고 강조한다.

고려의 가족 규모는 이미 설명했듯이, 호적자료 등의 통계뿐만 아니라 사회통념상 어떤 형태의 가족을 가장 이상적인 것으로 간주했는가에 대한 고찰이 필수적이다. 조선시대에는 성리학이 지배 이데올로기로 확고한 자리를 잡고 있었으므로 대가족을 이상적 형태로 상정했음을 쉽게 짐작할 수 있다.

그에 비해 고려는 사상적으로 불교와 유교를 모두 지배 이데올로기로 삼고 있었지만, 유교가 가족 규모를 규정지을 만큼 확고한 사회적 지위를 차지하지는 못했다. 따라서 고려 사회가 이상적으로 여긴 가족의 형태를 추적하는 것은 현재로서는 매우 어려운 작업이라 할 수 있다.

사위도 한 가족

고려의 가족 규모를 대가족으로 보는 견해는 대부분

가족 연구가 시작된 초기의 연구에서 나왔다. 연구 초기에는 대개 조선시대 부계중심의 대가족 제도를 그대로 고려시대까지 소급시켜 바라본 결과, 구체적인 논증 절차도 거치지 않고 고려의 가족 규모를 부계중심의 3세대 이상이 모여 사는 대가족 형태가 주류를 이루었다고 파악했다.

그러나 고려의 가족이나 친족제도에 대한 연구를 거듭한 결과, 고려는 부계우위 사회이기는 하지만 조선과 같은 부계일변도 사회는 아니라는 것이 밝혀졌다. 학자에 따라서는 이러한 고려의 친족제를 '양측적 친족사회' 또는 '쌍계적 방계사회'라고 하는데, 이는 고려가 부계친족뿐만 아니라 모계친족을 같은 정도로 중시하는 사회였다는 의미이다.

따라서 고려의 가족 구성은 '조부모-부모-아들 부부-손자'와 같은 부계중심의 구조로 짜여 있지 않았다는 이야기가 된다. 실제 여러 기록과 호적자료 등을 살펴보면 이 점은 곧 확인된다.

호적자료를 살펴보면 부부와 딸 부부로 이루어진 가족이 있는가 하면, 사위가 노령의 장인이나 장모를 모시고 사는 경우가 있다. 물론 부부와 아들 부부로 구성된 가족이 많지만, 딸 부부와 함께 사는 가족 형태도 결코 적지 않다고 할 수 있다.

조선과 같은 부계사회에서는 부모를 봉양하는 책임이

아들, 특히 그 가운데서도 장자長子의 몫이었다고 한다면, 고려에서는 오히려 딸에게 조금 더 무게가 실린 듯하다. '부모의 봉양은 딸의 몫'이었음을 강조한 이곡李穀의 진정서와 '자신이 사용한 조그마한 물건까지 모두 장인의 은혜'에서 비롯되었음을 강조한 이규보李奎報의 글에서 그러한 느낌을 받기도 한다.

게다가 조선 전기의 여러 기록에는 "고려에서는 사위가 처가로 장가가는 '서류부가혼壻留婦家婚'이 유행하여 사위들이 처가에서 얼마 동안 살거나 아니면 처가에서 계속 지내면서 그 곳에서 손자까지 보는 경우가 있었음"을 강조하고 있다.

이런 모든 점을 감안해 보면, 이미 설명했듯이 고려의 가족 구성은 조선시대와 같이 획일적인 모습은 아니었다. 부부와 그 아들 부부가 함께 사는 전형적인 부계 가족의 모습은 물론 부부와 그 딸 가족이 함께 사는 형태도 있고, 자녀의 결혼과 동시에 아예 분가시킴으로써 부부와 미혼 자녀로만 구성된 가족도 있었다.

이정란

성과 본관은 어떻게 만들어졌는가?

현재 우리는 모두 성과 이름을 가지고 있다. 그리고 그에 따른 본관이 있다. 그리하여 맞선을 볼라치면 으레 상대방의 성과 본관을 물어 양반가문인가 상놈집안인가를 확인하기도 한다. 또 같은 성씨끼리 모여 종친회를 만드는가 하면 선거 때 같은 성을 가진 후보에게 표를 몰아주기도 한다.

성과 본관은 사람마다 처음부터 가지고 있었던 것은 아니다. 가까이 조선시대만 해도 노비에게는 성은 없고 이름만 있었다. 한자 이름이 아닌 것도 많았고, 항렬이 있는 것도 아니었다. 그저 '돌쇠'·'마당쇠'·'삼월이' 등으로 불렸다.

성은 언제 등장했는가?

우리나라에서 성이 처음 등장한 때는 언제일까? 사료

에서 성씨를 볼 수 있는 가장 오래된 사례는 신라 진흥왕이다. 『북제서北齊書』라는 중국의 사서에 진흥왕을 '김진흥金眞興'으로 표기하고 있는데, 이 때가 565년이다.

이후 『구당서舊唐書』에는 '김진평金眞平(진평왕)'·'김춘추金春秋' 등의 기록이 나타난다. 김춘추는 일본의 사서인 『일본서기日本書紀』에도 등장한다. 이것으로 미루어 진흥왕대 무렵부터 신라왕족은 김씨를 칭성稱姓했음을 알 수 있다.

그러나 귀족층에는 여전히 성이 주어지지 않았다. 신라의 공식 금석문인 진흥왕순수비에는 수행원이 보이는데, 그들에게는 모두 성이 없다. 귀족에게서 처음 성이 나타난 것은 7세기 후반의 일이다. 이 때 조성된 문무왕릉비에 '한눌유韓訥儒'가 찬자撰者로 등장한다.

이후 박朴·석昔·설薛 등의 성을 가진 인물들이 나타나기 시작한다. 박씨의 시조는 박혁거세朴赫居世인데, 그가 박씨를 칭하게 된 것은 그의 탄생설화와 관련이 있다. 『삼국유사』에 그는 큰 알에서 태어났는데 알의 생김새가 박瓠과 같았다. 그리하여 그 발음에 해당하는 한자인 '박朴'을 성으로 삼았다는 것이다. 이는 설화이지만 박씨라고 일컫는 배타적 친족집단이 있었음을 말한다.

석씨는 석탈해昔脫解를 시조로 하는 집단이다. 그가 왜 '석昔'을 성으로 삼았는가에 대해서는 『삼국유사』에 그 설명이 나와 있다. 석탈해는 토함산에 올라가 쓸 만한 집터를

고르다가 초승달 모양의 땅[현재의 경주 半月城]에 있는 호공瓠公의 집을 탐해 이를 빼앗았다. 그가 왕위에 오른 뒤 '옛날에' 남의 집을 내 집이라고 빼앗았기 때문에 '옛날'에 해당하는 한자인 '석昔'을 성으로 삼았다고 한다. 또 까치가 모여 있는 배에서 궤짝을 열어 탈해를 얻었다 하여 '까치'에 해당하는 한자인 '작鵲'에서 '새 조鳥'자를 떼고 '석昔'을 성으로 삼았다는 설도 소개되어 있다.

어쨌든 이들 성씨는 김씨와 더불어 왕을 내었던 집단의 성씨이다. 그러나 설薛씨는 6부성六部姓의 하나였다. 6부성은 설씨와 함께 이李·정鄭·손孫·최崔·배裵씨를 말하는데 6두품 가문의 성씨로 여겨진다. 이들 성씨는 신라의 모태가 되었던 6부, 즉 급량부及梁部·사량부沙梁部·점량부漸梁部·본피부本彼部·한기부漢岐部·습비부習比部를 말한다.

그러나 각 부와 성씨와의 대응은 『삼국사기』와 『삼국유사』가 서로 달라 정확히 알 수 없다. 이 가운데 제일 먼저 보이는 것이 설씨이다. 이미 진평왕대에 설씨녀薛氏女와 설계두薛罽頭가 보이는데, 그 유명한 설총薛聰도 설씨였다.

9세기 중엽에는 몇 개의 성씨가 더 등장한다. 요姚·양楊 등의 성씨가 그것이다. 이들은 최치원과 함께 문학적 소양을 지니고 중앙정계에서 활동한 인물들이다. 그러다가 지방에서도 성을 칭한 자들이 나타나기 시작했다. 청해진[진도]에 거주하며 무역활동과 함께 해적을 소탕했던 장

보고張保皐가 그 대표적인 예다. 신라 말에는 진골귀족들의 지방 이주와 함께 김씨 성을 가진 인물들이 지방에서도 많이 보이고 있다.

토박이와 백성의 유래

성이 본격적으로 확산되는 것은 고려건국 전후의 일이다. 이 시기는 이른바 후삼국시대로 궁예의 태봉과 견훤의 후백제가 각축을 벌이던 시기였다. 궁예 시절에 송함홍宋含弘·박유朴儒·장빈張彬·임언林彦·최응崔凝과 같은 한자 성명을 가진 인물들이 보인다. 후백제에서도 김악金渥과 박영규朴英規 같은 성명이 등장하고 있다.

성씨가 더욱 확산되는 것은 고려 태조 왕건이 즉위한 이후의 일이다. 우선 왕건은 지방의 세력가나 자신에게 협조한 인물에게 자신의 성인 '왕王'성을 하사했다. 궁예 밑에서 관직생활을 하다 말년에 그 곁을 떠났던 박유朴儒란 인물이 있었는데, 복직한 그에게 '왕'성을 하사했다. 또 강원도 명주지역에서 세력을 떨치고 있던 김순식金順式이 귀순해 왔는데, 왕 성을 하사받아 왕순식이 되었다.

'왕'성만 하사한 것은 아니었다. 다른 성씨도 하사했다.

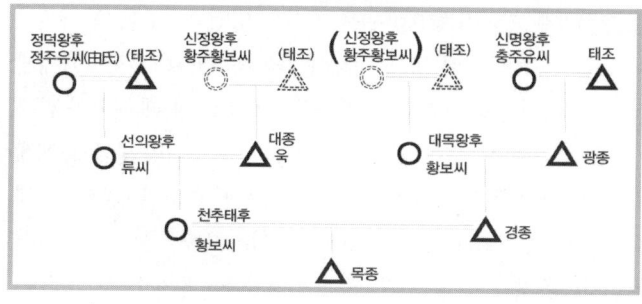

고려 왕비의 칭성(稱姓) 추적도

고려시대 왕비들은 족내혼을 통해서 왕씨가 된 경우가 많은데, 이 때 이들의 성은 그대로 왕씨를 칭하기도 하지만 대체로 왕씨 대신 다른 성을 칭했다. 그리고 그 때 선택하는 성씨는 어머니-친할머니-외할머니 등등의 성씨 중 하나를 순서대로 선택한다. 위 그림에서 천추태후는 자신의 어머니와 아버지가 모두 왕씨이다. 어머니의 경우 '유씨(柳氏)'라고 하지만 왕건의 딸이므로 실제로는 왕씨이기 때문에, 천추태후의 입장에서는 부모가 모두 '왕씨'인 것이다. 따라서 그녀는 왕씨가 아닌 가장 가까운 친척으로 친할머니 신정황후의 성인 '황보(皇甫)'를 칭하게 되었다. 만약 천추태후의 친할머니조차 왕씨였다면 그녀는 다시 외할머니인 정덕왕후의 성씨인 '류(柳)'를 자신의 성으로 삼았을 것이다.[노명호, 「고려초기 왕실출신의 '향리'세력」]

가까이는 고려가 개국할 때 공을 세운 개국1등공신에게도 성과 이름이 하사되었음을 볼 수 있다. 이에 따라 홍술弘述·백옥삼白玉杉·능산能山·사괴砂瑰 등이 홍유洪儒·배현경裵玄慶·신숭겸申崇謙·복지겸卜智謙으로 불리게 되었다.

또 중앙에 있는 인물뿐만 아니라 지방의 세력가에게도 성씨가 하사되었다. 기록은 다음과 같이 전한다.

권행權幸의 본성은 김씨金氏이니 신라의 대성大姓이다. 신라 말기에 고창군古昌郡(안동)을 지키고 있었다. 그 때에 견훤이 신라에 쳐들어와 왕을 시해하거늘 행幸이 여러 사람들에게 모의하여 말하기를 "견훤은 사람의 도리로 볼 때 우리와 같이 한 하늘 아래 살 수 없는 원수이다. 어찌 고려의 왕공王公에게 돌아가서 우리의 치욕을 씻지 않겠는가" 하고 드디어 고려에 항복했다. 고려 태조가 기뻐하여 말하기를 "행은 능히 일의 기틀을 밝게 살피고 권도權道를 적절하게 결정했다" 하고 곧 그에게 권씨權氏의 성을 내렸으며 고창군을 승격시켜 부府로 했다.『신증동국여지승람』 권24, 안동대도호부 인물조

이 기록은 고려 태조 왕건이 태조 13년(930) 고창군(안동) 전투에서 견훤군을 대패시킨 뒤에 내린 조처이다. 이 때 권행 이외에도 도움을 준 사람이 둘 있었다. 이들에게도 성과 이름을 하사했으니 김선평金宣平과 장길張吉이 그들이다. 이들이 바로 안동을 본관으로 하는 김씨·장씨·권씨의 시조들이다.

그런가 하면 자신을 배반한 사람에게는 짐승을 뜻하는 성씨가 주어지기도 했다. 속설은 다음과 같이 전한다.

고려 태조가 나라를 세운 뒤에 목주木州 사람이 여러 번 배반한 것을 미워하여 그 고을 사람들에게 모두 짐승이름으로 성을 내리었다. 그런데 뒤에 우牛는 우于로 고치고, 상象은 상尙으로, 돈豚은 돈頓으로, 장場은 장張으로 고쳤다" 한다.『신증동국여지승람』 권16, 충청도 목천현 성씨조

이 기록은 물론 후대의 것이라 그대로 믿을 수 있는가 하는 의심의 여지가 있다. 그러나 그 가능성 또한 부정할 수는 없다.

고려가 후삼국을 통일한 4년 뒤 태조 23년(940)에 전국 각지의 호족들에게 성씨를 부여한 것이 아닌가 생각되기도 한다. 이 해에 태조는 후삼국 통일에 기여한 사람들을 삼한공신三韓功臣으로 책봉하고, 이들에게 역분전役分田이라는 토지를 하사했다.

이러한 조치와 더불어 이들 호족들에게 그 지역의 지배자임을 인정한다는 의미에서 토성土姓어떤 지역의 토박이 성을 나누어 주었다고 볼 수 있다. 『세종실록지리지』나 『신증동국여지승람』에 보이는 토성이 바로 이것이 아닌가 하는 것이다.

그러나 당시의 금석문을 보면 지방세력 가운데 성을 칭하지 않는 자들이 많이 보이기 때문에 이 같은 가능성을 의심하기도 한다. 또 토성을 나눠준 것이 사실이라면 이는 중요한 사건임이 분명한데, 이를 뒷받침하는 기록이 보이지 않는다. 따라서 고려 태조가 일부 사람들에게 성이나 이름을 하사한 것은 사실이지만 지방의 호족들에게 전국적인 차원에서 토성을 나눠준 것은 아니라 하겠다.

그러다가 광종대에 이르러서 중앙의 관료들이 점차 성을 칭하게 되었다. 이들은 주로 문인으로 중국과 관련한

성이 칭해지게 되었다. 그 뒤 성종대를 거쳐 현종대에 이르
면 전국적인 지방제도의 정비와 함께 지방에서도 성이 확
대되기 시작했다. 그럼에도 불구하고 고려시대에는 성을
가진 사람들이 많지 않아 전국의 백 가지 성에 속하는 사람
들은 모두 지방의 지배집단이었다. 이들이 바로 '백성百姓'
인데, 여기서 유래했지만 현대의 백성과는 개념이 다름을
알 수 있다.

민을 꽁꽁 묶은 본관

　본관本貫은 그 사람의 거주지나 출신지를 의미한다. 그
러면 이 본관은 언제부터 시작되었을까. 신라 6성의 출신
지가 6부인 것을 보면, 이미 그 때부터 출신지에 대한 의식
이 있었던 것 같다. 그러나 본관 사용이 정착된 것은 역시
고려 건국 전후의 일이다.
　고려 태조는 개국공신에게 성명을 내리기도 했지만 그
관향을 하사한 경우도 있었다. 다음은 그 사례 가운데 하나
이다.

　원래 전라도 곡성사람인데 태조가 성을 주고 평산을 본관으

로 하게 했다. 속설에 신숭겸이 일찍이 태조를 따라 사냥하다
가 삼탄三灘에 와서 점심을 먹게 되었다. 그 때 기러기 세 마리
가 공중에 떠 있었다. 태조가 말하기를 "누가 저 기러기를
쏘아보겠는가?" 했다. 숭겸이 "신이 쏘겠습니다" 했다. 태조
가 이에 궁시弓矢와 안마鞍馬를 주었는데 숭겸이 말하기를 "몇
번째 기러기를 쏠까요?" 태조가 웃으면서 "세번째 기러기의
왼쪽 날개를 쏘거라" 했다. 숭겸이 명령에 따라 쏘았는데 과
연 꼭 맞혔다. 태조가 장하게 여겨 감탄하면서 명하여 평주平
州를 본관으로 삼게 하고 기러기를 쏜 근처의 밭 3백 결結도
함께 하사하여 대대로 그 조세를 받아먹게 했다. 그로 인해
그 땅을 궁위弓位라 이름했다.『신증동국여지승람』권41, 평산도호
부 인물조

이는 고려의 개국1등공신 신숭겸에 대한 기록이다. 그
는 원래 전라남도 곡성 출신이었는데, 평산에 있는 땅을
하사받고 그 곳을 본관으로 삼았다는 것이다. 이는 그 때까
지 자신의 출신지를 본관으로 하는 제도가 성립되지 않았
다는 것을 의미한다. 때문에 그는 곡성 출신임에도 불구하
고 평산신씨의 시조가 되었다.

'본관本貫'이란 용어가 처음 나오는 것은 고려 목종 4년
(1001)의 일이다. 당시 목종이 여러 군현을 순행하다 장단현
에 들렀는데, 왕을 수행하던 현재의 국무총리에 해당하는
문하시중 한언공韓彦恭에게 "이 곳은 그대의 본관이다. 그
대의 공로를 생각해서 단주湍州로 승격시키는 것이 좋겠다"

라고 말했다는 기록이 그것이다.

그런데 그 비슷한 표현이 이미 태조대에 보이고 있다. 태조는 즉위하자마자 청주 사람 총일聰逸을 불러 궁예에게 억울하게 잡혀간 청주 출신 군인들을 방면하면서 청주는 "경卿의 관향貫鄕이다"라는 말을 하고 있다. 따라서 이미 태조대에 관인들의 출신지를 뜻하는 '관향'이란 표현이 있었음을 알 수 있다. 하지만 이를 곧바로 제도와 연결시키는 것은 무리라 하겠다.

한편 신라 말·고려 초에는 각 지역의 호족들이 자위적인 방어조직을 갖추고 자신의 거주지역을 장악하고 있었다. 이러한 호족의 지위는 고려건국 이후에도 인정되어 토성의 본관으로 정착되기도 했다.

벽진군碧珍郡의 이총언李悤言이 그 대표적인 예다. 그는 신라 말에 도적들이 횡행하자 지역민들을 결집하여 성을 굳건히 지킴으로써 지역민들의 신망을 얻었다. 그리하여 벽진군의 후대 이름인 성주를 본관으로 하는 성주星州이씨의 시조가 되었다.

거주지나 출신지를 중시하는 의식은 고려 태조 때에도 있었다. 혜종 원년(944)에 건립된 흥령사징효대사보인탑비興寧寺澄曉大師寶印塔碑에는 각 인물들의 출신지가 명기되어 있기 때문이다. 그러나 그것은 성을 가진 사람에게 한정된 것은 아니었다. 성의 유무와 관계없이 출신지가 표기되었던 것이다.

이렇듯 본관제는 고려 태조 때 시작되었지만 그것이 제도적으로 정착된 것은 성종 무렵이 아닌가 한다. 특히 성종 14년(995)에는 전국적으로 군현제 개편과 함께 50여 개 지역의 별호가 제정되었다. 이 별호는 중국의 군현 명칭을 그대로 사용하거나 우리 식으로 손질한 것들이었다.

또 3성6부제 수용, 10도제 실시, 주현제 실시, 외관 파견 등은 당나라의 제도를 모방한 것이었다. 이는 중국의 제도를 본떠 중앙집권을 강화하기 위한 제도적 장치이기도 했는데, 그러한 의도에서 본관제가 제도적으로 정비되었던 것이다.

그렇다면 본관제가 실시된 목적은 무엇이었을까? 이는 국가가 민들에게 역을 부과시키기 위한 목적이었다. 관인들에게는 중앙의 관직생활과 전시과를 지급하는 대가로 사심관제도를 통해 자신의 본관지역을 다스리게 했다. 이를 제대로 수행하지 못하거나 죄를 지었을 때는 관직을 박탈하고 본관지역으로 되돌려 보내기도 했다. 그것이 바로 귀향형歸鄕刑과 충상호형充常戶刑이다.

일반민에게는 본관제를 통해 그들을 거주지에 속박시킴으로써 조세·공부貢賦·역역力役 또는 군역의 의무를 지게 했다. 이들이 본관지를 이탈한다면 국가의 수입은 그만큼 줄어들고 체제를 유지하기 힘들게 되기 때문이었다. 이 때문에 본관제는 양인까지만 부여되었고 노비나 떠돌이 고리장인 양수척楊水尺 등의 천인에게는 적용되지 않았다.

그런데 본관제에 엄하게 묶인 민들은 고려의 군현체계에 따라 그 신분 위상과 사회경제적 부담이 달랐다. 향·소·부곡과 같은 지역을 본관으로 하는 민은 경제적 부담이 일반 군현보다 컸으며 신분상으로도 천대받았다. 또 같은 군현이라 하더라도 속현屬縣의 주민은 주현主縣의 주민보다 훨씬 큰 부담을 져야 했다.

이러한 본관제가 성과 결부되어 나타나는 것은 고려 후기에 들어서였다. 광종·성종대를 거치면서 중앙의 관리들은 문벌의식을 갖게 되었고, 따라서 다른 가문과 구별하기 위해 성과 본관을 강조하게 되었다. 성종대 왕실의 계보를 정리하는 전중성殿中省이 설치되면서 이러한 의식이 확대되어 귀족들도 서서히 성씨록姓氏錄을 작성하기 시작했던 것이다.

문종시대 봉작제封爵制의 시행은 이러한 문벌의식을 더욱 촉발시켰다. 죽은 사람의 가계를 기록한 묘지명墓誌銘이 이 때부터 많이 나타나는 사실이 이를 말해 준다.

이러한 과정을 거쳐 고려 후기에 오면 성과 본관이 병칭되는 것이 빈번하게 일어난다. 충선왕대에 왕실과 혼인할 수 있는 집안을 지명한 바 있는데, 이 때의 기록에는 성과 본관이 다 병칭되고 있다. 경주김씨·언양김씨·정안

임씨·경원이씨·철원최씨 등이 언급되고 있는 것이다. 이로써 현재 우리가 사용하고 있는 바와 같은 성과 본관이 자리잡게 되었던 것이다.

김갑동

정치적 부자, 좌주와 문생

지공거와 동지공거의 프레미엄

고려 때 양반이나 귀족이라면 누구나 관직에 나가기를 열망했다. 벼슬길에 진입하는 데는 몇 가지 길이 있었는데, 가장 확실한 길 하나는 과거에 급제하는 것이었다. 과거는 다시 시험과목에 따라 제술과와 명경과 및 잡과가 있었는데, 고려에서 고위직에 올라 중요한 역할을 했던 인물들은 제술과 출신이었다.

고려의 과거는 대략 2년에 한번씩 시행되었다. 그리하여 광종 9년(958)에 처음으로 이 제도를 설치한 이래로 여말까지 약 250회의 시험이 있었다. 제술과의 경우 성적 기준으로 을과 3인, 병과 7인, 동진사 23인을 급제시키는 것이 일반적인데, 처음 얼마 동안은 그 숫자가 좀 적었지만 간혹 넘는 때도 없지 않았다. 그 결과 고려시대의 제술과 급제자는 총 6천3백명 정도로 집계가 된다. 매 시험마다 갑과甲科가 있었던 얼마간을 제외하면, 을과 제1인이 장원급 제자였다.

　과거가 중시된 만큼 그 시험을 주관하는 책임자로서 지공거知貢擧와 동지공거同知貢擧의 위상이 매우 높았음은 짐작하기 어렵지 않다. 실제로 지공거는 대체로 재상급인 재추宰樞와 예부상서 등 상서급[정3품] 및 한림학사[정3품] 등 문한관文翰官이 담당했고, 동지공거는 바로 그 아래 직위의 고관들이 맡았는데, 직위뿐만 아니라 학식이 높고 인격이 고매한 인물로만 엄선했다. 그러므로 지공거와 동지공거에 선발된 사람들은 그것을 큰 영광으로 생각했다.

　그런데 이 자리의 의미는 여기에 그치지 않는다. 그들은 자기가 급제시킨 급제자들의 좌주座主가 됨으로써 정치적·학문적으로 특별한 인연을 맺게 되었다.

좌주, 문생, 동년의 끈끈한 관계

　그 해의 과거를 주관한 지공거와 동지공거는 그 시험에서 급제한 사람들의 좌주가 되고 급제자들은 문생門生이 되었다. 『고려사』에는 이들의 특별한 관계를 "우리나라 풍속에 시험 주관자를 학사學士라 하고, 문생은 은문恩門이라 부른다. 문생과 좌주 사이의 예절은 매우 정중했다. 학사에게 부모나 좌주가 생존해 계시면 방방放榜(급제자를 발표하는 게)한 뒤에 반드시 공복을 갖추고 찾아가 뵙는데, 문생들은 줄을 지어 따라가 학사가 앞에서 절하면, 문생은 뒤에서 절한다"라고 전하고 있다.

또 다른 기록에는, "좌주와 문생의 사이는 엄격하기가 부형과 자제 같아 촉탁이나 지휘를 감히 피하지 못한다. 심지어 좌주가 세상을 떠난 뒤에도 문생이 잘못하는 게 있으면 그 부인이 불러, 대놓고 책망했다"는 구절도 보인다. 좌주와 문생은 아버지와 아들 사이와 같은 각별한 관계에 있었던 것이다.

부모는 자녀가 잘 되도록 뒷받침하고 이끌어준다. 대신에 자녀는 부모에게 순종하고 존경과 효도를 바친다. 좌주는 당대의 고위 관원으로서 명망이 있는 사람이었다. 그러므로 그들은 자기의 문생을 이끌어주게 마련이었는데, 어떤 좌주 밑에서 급제하느냐 하는 것은 문생의 진로에 많은 영향을 미쳤다.

그런가 하면 좌주는 또한 훌륭한 문생을 뽑아 주변에 두는 게 중요했다. 좌주와 문생은 어떤 면에서는 이렇게 서로 보완관계에 있다고 할 수 있다.

문종(1047~1082) 때 수상이자 대유학자였던 최충崔冲의 과거 주관과 관련하여 『보한집』에 다음과 같은 이야기가 전한다. 그가 한때 관장한 과거에서 14명을 뽑았는데, 그 가운데 김무체 등 몇 사람은 모두 상서[정3품]를 제수받았고, 이상정 등 몇 사람은 서로 이어서 참정[종2품]이 되었으며, 김숙창 등 몇 사람은 학사의 지위에 올랐다. 그러므로 사람들이 그 과거를 '상서방'이라고 불렀다.

그런데 다른 시험에서 뽑힌 이들은 한 사람도 높은 지위에 오르지 못했을 뿐더러 그나마 벼슬을 했던 이자현과 곽여가 모두 관직을 버리고 처사處士가 되었으므로 그 과거를 '처사방'이라고 불렀다 한다. 좌주와 문생과의 관계의 일면을 보여주는 이야기라 하겠다.

또 즉위 14년(1365)에 재차 개혁정치를 펼치려던 공민왕은 재위한 지 오래되어 재상들이 자기 뜻에 맞지 않으므로, "세신대족世臣大族은 친당이 나무뿌리처럼 얽혀서 서로 허물을 덮어주고, 초야의 신진은 감정을 감추고 행실을 꾸며서 명망을 얻어 귀하게 되면 스스로 집안이 좋지 않음을 부끄럽게 여겨 대족大族과 혼인해 처음의 뜻을 다 버리며, 유생은 나약하여 강직한 이가 적고, 또 문생이니 좌주니 동년同年이니 하여 서로 당파를 이루어 사정에 끌리므로 이 세 종류의 사람은 모두 쓸 만하지 않다"고 했다. 이것은 좌주와 문생의 관계에서 비롯되는 나쁜 면을 지적한 것으로 그들의 결속이 상당히 굳었음을 말해준다.

위 기록에 동년을 언급하는데, 그것은 급제 동기생을 말한다. 좌주와 문생뿐만 아니라 한 과거에서 급제한 동기생 사이도 매우 친해서 형제 같았다고 했는데, 이들도 서로 서로 이끌어주는 등 강한 유대를 가지고 결속되어 있었음을 알 수 있다. 무신정권 때의 문호 이규보李奎報는 자기 문집에 동년 가운데 고위직에 오른 인물이 많음을 자랑하는 글을 남기고 있다.

홍정서대의 전수

홍정은 붉은색의 가죽띠이며 서대는 무소의 뿔로 장식한 띠인데, 제도적으로는 6품 이상의 관원이 띨 수 있다. 더러는 국왕이 특별히 총애하는 신하에게 하사하는 경우도 있었다. 그런데 급제자에게도 과거를 장려한다는 의미로 특별히 우수한 자에게 서대와 함께 홍정을 내렸다. 이런 특별한 의미를 가진 홍정서대紅鞓犀帶를 사여받은 급제자는 성장하여 좌주가 되고, 그것을 다시 자기의 문생에게 전수함으로써 그를 통해 학맥이 형성되었다.

그 시초는 최씨 무신정권을 무너뜨리는 데 결정적인 역할을 했던 유경柳璥이 중찬中贊1품으로 과거를 관장할 때였다. 그의 좌주로서 평장사[정2품]를 역임한 바 있는 임경숙이 자신이 띠고 있던 오서홍정烏犀紅鞓을 풀어 유경에게 주면서 "그대의 문하에 그대 같은 이가 나오면 오늘의 나의 심정을 알 것이다. 그 때 이 띠를 그에게 주라"고 한 데서 시작되었다.

그런데 유경의 문생인 이존비가 훗날 좌주가 되어 자기의 문생을 이끌고 오자, 그 홍정서대를 전해주려 했지만 임연의 난리통에 잃어버렸으므로 할 수 없이 시장에서 새로 구입해 주었는데, 그것이 신기하게도 전에 잃어버렸던 그 홍정서대였다.

재상으로 충선왕 5년(1313)의 과거를 주관했던 권한공은 과장科場에서 급제자 김광재에게 홍정서대를 전해 주었다. 그 후 김광재 역시 재상의 지위에 올랐는데, 그는 그 홍정서대를 공민왕 때 유학의 종장宗匠이던 이색에게 전해 주었고, 이색 또한 염정수에게 전해 주었는데, 염정수는 바로 권한공의 외손이었다.

또한 이제현과 관련하여 "문생이 스스로 문생을 거느리고 이르니, 좌주는 친히 좌주를 맞아 오도다"라는 시구詩句도 보인다.

좌주와 문생의 관계는 한 걸음 더 나아가 유림들의 집단화 내지 계보화 경향을 띠고 있었다. 이것은 왕권에 대해서는 부정적으로 비치기도 했지만 유림으로서는 성대한

일로 받아들였다. 어쨌든 과거제도와 좌주와 문생의 관계
는 여러 모로 커다란 의미를 지니고 있는 것이었다.

박용운

남성에 종속되지 않은 고려여성

인류의 절반을 구성하고 있는 여성은 독자적인 한 개인으로서 존재하기 보다는 딸이나 어머니로서 그리고 남성의 배우자로서 존재했던 적이 더 많았다. 사실 여성은 남성과 똑같이 귀중한 존재이지만 우리나라에서 역사적으로 합당한 대접을 받은 적이 드물다. 여권이 신장된 요즘에도 차별받는 경우가 더 많다.

남성중심 사회인 전근대사회로 올라갈수록 여성차별은 훨씬 더 심해서 남성과 동등한 권리가 인정되는 경우는 드물었다. 여성은 한 개인으로 존재하는 것이 아니라 자식을 낳아주는 어머니로서, 이익을 가져다주는 딸로서 그리고 남성의 성적인 대상으로서 존재했던 것이다.

이러한 면에서 예외가 될 수는 없지만 고려시대에는 그래도 남성과 동등한 대접을 받는 측면이 많이 있었다. 여성의 지위는 전근대사회 안에서도 문화권과 시기에 따라 달랐는데, 특히 불교사회인 고려와 유교사회인 조선을 비교할 때 차이가 두드러진다는 점에 주목할 필요가 있다.

고려시대 여성의 지위는 가족 내지 친족 안에서의 지위, 사회에서의 지위, 연애와 혼인에서 나타나는 제약의 정도, 호주상속의 여부, 재산상속의 비율 등으로 판단될 수 있다. 이러한 측면을 조사하여 오늘의 여성과 비교하거나 조선의 여성과 비교해 보는 것도 의미있는 일이다. 다만 오늘의 여성과 비교할 때는 전근대사회라는 시대의 특수한 상황을 고려해야 한다.

여성도 호주가 되었다

가족을 대표하는 존재를 호주라고 한다. 현재 우리의 민법에는 호주가 사망했을 때 직계비속의 남자가 호주계승을 하게 되어 있다. 물론 직계비속의 남자가 호주권을 포기하면 여성도 호주가 될 수 있지만, 이는 어디까지나 예외에 불과하다.

호주계승 순위는 아들→손자→미혼 딸→배우자→어머니 순으로 정해져 있는데, 대개는 장남이 호주를 계승한다. 어머니도 호적상으로는 장남 밑에 소속된다. 차남 이하의 아들은 결혼해서 분가하면 자신이 호주가 되며, 딸은 결혼하면 남편 밑으로 들어간다.

민법이 규정하고 있는 호주제는 아내와 어머니의 위치를 남편과 아버지보다 낮게 함으로써 남녀를 차별하고 있는 것이다. 부계중심·장남중심의 전통이 호주의 계승에 강하게 남아 있으며 여권이 신장된 요즘에도 여성이 호주가 되기 어려운 게 현실이다.

이혼한 여성은 이전 호적으로 복귀하거나 1인 1호적을 창설해 호주가 될 수 있도록 민법에서 규정하고 있지만 자녀를 자신의 호적에 올릴 수는 없다. 그래서 이혼한 여성들이 가정법원에 '이혼한 여성호적'에 자녀들을 올릴 수 있게 해달라고 소송을 제기했지만, 민법은 남성우선적 호주승계 순위 및 부가父家우선 입적주의를 근간으로 하고 있기 때문에 기각당한 적이 있었다.

오늘날에도 남편과 이혼한 채 스스로 자식을 기르면서도 자식을 자신의 호적에 올리지 못하고 있는 것이 현실이다. 여성계에서는 호주제의 폐지를 강력하게 주장해 왔지만 호주제가 가족의 구심점으로 기능해온 오랜 전통이라는 이유로 관철되지 못하고 있다.

그런데도 여성이 자식을 자신의 호적에 넣으려는 노력은 멈추지 않았다. 최근에는 남성위주로 호주제를 규정한 민법조항이 남녀평등을 선언한 헌법조항에 어긋남이 인정된다며 헌법재판소에 위헌심판을 제청했다. 앞으로 헌법

재판소가 어떠한 판결을 내
릴지 귀추가 주목된다.

그런데 시간을 한참 거
슬러 고려시대에는 여성이
호주가 될 수 있었다. 고려
말인 1333년에 작성된 한 호
적을 살펴보면 호주인 낙랑
군부인 최씨 밑에 32세의 장
남, 28세의 2남, 24세의 3남,
19세의 4남이 딸려 있다. 여
성단독 호적이 아니라 장성한 아들들이 몇 명이나 있는
데도 어머니가 호주가 된 것이니 아들에게 우선권이 주
어지는 오늘날의 호주제와 비교해 볼 때 더욱 놀라운 일
이다.

물론 고려 말의 호적 대부분은 남성이 호주로 나타나
지만 고려전기로 올라가면 여성이 호주가 되는 빈도도
더 늘어나리라 여겨진다. 이처럼 여성이 어렵지 않게 호
주가 될 수 있었음은 고려시대에 여성의 가족 내 지위가
높았음을 말해주는 중요한 징표라 하겠다.

가족 내에서의 여성지위를 알려주는 또 하나의 징표는
호적에서 아들 다음에 딸이 기재되는 것이 아니라 연령순
으로 기재되었다는 사실이다. 딸도 자녀 가운데 나이가 많

낙랑군부인 최씨 호적

으면 앞에 올랐던 것이다. 또한 아들과 손자로 이어지는 계열만이 아니라 딸사위과 외손으로 이어지는 계열에 대해서도 호적에 상세히 기록한 점도 딸이 지닌 위상의 정도를 말해준다. 죽은 자를 위해 작성된 묘지명에서 자녀 구분 없이 연령순으로 기재한 경우가 보이는 것도 같은 맥락으로 이해된다.

딸, 아들 구별없이 재산을 상속받다

사회적 지위를 나타내는 여러 가지 표시 중에 재산의 축적정도는 특히 중요하다. 만약 여성이 재산을 확보하기 힘들다면 생존을 위해 남성에게 종속될 수밖에 없다. 경제적인 독립이 전제되지 않는 여성의 지위향상은 꿈꾸기 어려운 것이다.

그런데 고려시대의 여성은 부모가 상당한 양의 재산을 남긴 경우 재산을 쉽게 확보할 수 있었다. 왜냐하면 아들이든 딸이든, 결혼했든 안 했든, 먼저 태어났든 나중에 태어났든 자녀들은 부모의 재산을 균등하게 상속받았기 때문이다.

여성은 자신이 상속받은 재산을 가지고 혼인했으며,

또한 혼인한 뒤에도 재산을 상속받아 소유할 수 있었다. 남편이 사망하고 자녀가 없는 경우 유산은 아내 몫이 되었다. 고려의 공주들은 거의 다 왕실 안에서 근친혼을 했는데, 그 이유가 왕실 밖의 사람과 결혼하면 공주가 소유한 막대한 재산이 왕실 밖으로 빠져나갈 것이기 때문이었다는 설이 각광을 받을 만큼 여성의 재산권은 확실히 보장되었다.

일반 백성의 경우 딸이 재산을 갖고 나가더라도 며느리가 그만큼 갖고 들어오니까 별 문제가 안되었다. 더구나 딸이 혼인해도 나가기는커녕 사위를 데리고 들어오는 경우가 많았으니 더욱 그러했다.

특히 재산상으로 중요한 노비는 아버지 쪽의 부변父邊, 어머니 쪽의 모변母邊, 아내 쪽의 처변妻邊으로 세밀히 분류되어 소유권이 보장되었다. 그러니까 여성은 혼인 뒤에도 자신(아내)의 이름으로 노비를 소유할 수 있었다.

또한 이를 자녀가 상속한 경우에는 '모변母邊' 전래로 표시되었고 만약 문제가 생기면 그 노비는 다시 어머니 쪽으로 귀속되었던 것이다. 여성에게 노비는 신변을 보호해 주는 경호원으로서, 노동력을 제공해 주는 일꾼으로서, 언제든지 어디든지 휴대가 가능한 현금처럼 효용이 뛰어난 귀중한 재산이었다.

고려시대에 아들인 남성과 균등하게 상속받은 재산은

딸인 여성에게 무한한 힘이 되었다. 여성들은 남성들의 도움없이도 독자적으로 생존이 가능했으며 경제력이 없는 남성을 먹여 살릴 수도 있었다.

여성은 상속받은 재산을 이용해 부모의 제사를 남성형제들과 돌아가면서 지냄으로써 가족과 친족 속에서 발언권을 높일 수 있었다. 또한 절에 재산을 시주하는 등 자신의 재산을 사용하여 사회적 활동영역을 넓힐 수도 있었다.

재혼은 자유

혼인은 한 여성과 한 남성의 결합으로 이루어지는데, 만약 여성에게 이혼과 재혼이 자유롭지 못하다면 어느 순간에 멍에로 변해 버린다. 조선여성은 혼인하는 과정에 자신의 의견을 반영하지 못했으며, 한번 결혼하면 이혼은커녕 과부가 되어도 재혼할 수 없어서 쫓겨나지 않는 한 시댁의 귀신이 되어야 했다.

남성이 만들어 놓은 '칠거지악七去之惡'에 걸리면 시집에서 쫓겨나야 했고 그렇다고 해서 재혼할 수도 없었다. 과부나 버림받은 여성의 유일한 탈출구는 어느 날 밤에 남정네가 보쌈해 가거나 서낭당에서 처음 마주치는 남정네를 따라가는 길밖에 없었다. 그야말로 결혼 한번 잘못한 조선의 여성은 자신이 선택하지 않았음에도 평생 불행하게 살다가 삶을 마감해야 했던 것이다.

반면 고려의 여성들은 그러한 굴레에서 상당히 자유로웠다. 고려시대에도 비슷한 신분끼리 혼인하는 경우가 많았으므로 혼인에 집안의 의사가 많이 작용했을 것이다. 하지만 여성이 적극적으로 마음에 드는 남성을 유혹한 사례도 종종 발견된다. 더구나 여성이 조선시대처럼 집에 갇혀 지내지 않고 절의 불사 등 각종 행사에 얼굴을 내밀었으며 외출시에 얼굴을 가리지도 않았다.

여러 행사 때 남녀가 서로 혼잡하게 섞여 문란한 짓을 했다는 기록도 있다. 이로 보아 고려시대에 여성이 남성 배우자와 혼인할 때 요즘과 같은 자유연애는 아니지만 여성 당사자의 의사도 상당히 반영되었을 가능성이 있다.

고려여성들이 이혼의 자유를 누렸는지는 확실치 않지만 여성 측에서 이혼을 주도한 사례는 있었다. 물론 성질이 못된 남편이 아내를 쫓아내는 사례는 좀더 많이 발견된다. 하지만 조선시대처럼 여성이 사내애를 낳지 못한다는 등의 7가지 핑계, 즉 '칠거지악'으로 쫓겨날 염려는 없었다.

당시는 남자든 여자든 한번 결혼하면 이혼은 별로 하지 않는 분위기여서 이혼에 대해서는 뭐라고 단정적으로 이야기하기는 어렵다. 어쨌거나 이혼녀나 과부의 재혼만큼은 자유롭게 이루어진 것이 고려사회였다.

고려시대는 왕족이나 일부 권세가를 제외하면 대개 일부일처제였다. 그런데 배우자가 죽으면 혼자 여생을 마치는 사람도 있지만 남성이든 여성이든 많은 경우에 재혼을 했는데, 이는 본인의 선택에 달린 문제였다. 물론 남성이 재혼하는 예가 더 많지만 여성도 원하기만 하면 얼마든지 새로운 남성을 만나 새로운 가정을 꾸릴 수 있었던 것이다.

국가에서는 과부가 수절하면 표창하거나 고위관료의 처가 재혼하면 그 자손에게 인사상의 불이익을 주거나 남편의 상중에 바람을 피우면 처벌한 적은 있었지만 근본적으로 재혼 자체를 금하지는 않았다.

고려여성의 다수는 과부로 여생을 마치는 것을 별로 좋아하지 않았다. 재가再嫁는 물론이고 삼가三嫁를 하는 여성들도 있었다.

제4대 광종의 딸인 문덕왕후는 홍덕원군과 혼인했다가 남편이 죽은 뒤 제6대 성종과 재혼했다. 빼어난 미모를 지닌 김양감의 딸은 남편이 죽은 뒤 제25대 왕인 충렬왕과 혼인했으며, 충렬왕이 죽은 뒤 그 아들인 충선왕과 혼인하여 숙비에 봉해졌다. 허공의 딸은 3남4녀의 어머니였음에도 불구하고 남편이 죽은 뒤 충선왕과 혼인하여 순비에 봉해졌다.

왕들은 과부와 결혼하는 것을 전혀 부끄러워하지 않았

으니, 조선시대에 왕의 배우자를 간택할 때 숫처녀인지 감별하는 장면과 비교해 보라.

고려중기 의종~명종 때의 인물인 이승장의 어머니는 남편이 죽자 어린 이승장을 데리고 재혼했다. 그런데 새 남편이 가난하다며 이승장에게 공부가 아니라 일을 시키려 했다. 하지만 어머니는 자식이 이전 남편의 길을 따라야 한다며 기어코 공부를 시켜 과거에 급제하게 만들었다. 이처럼 고려시대는 자식까지 데리고 재혼할 수 있었으니 이 경우 자식의 입장에서 계부를 '의부義父'라 하고, 계부의 입장에서 그 자식을 '의자義子'라 했다.

우리는 첩을 많이 두었던 조선 후기 이후의 관습에 젖어 어머니가 다른 형제를 일컫는 '배다른 형제'라는 용어에 익숙해 있다. 그런데 고려시대에는 여성의 재혼이 많았으므로 어머니는 같고 아버지가 다른 '동모이부同母異父형제', 즉 '배 같은 형제'가 많았다.

한 남성이 자기 혈통이 아닌 자식을 데리고 사는 모습을 상상해 보라. 그게 바로 고려사회의 '의義로운 모습이었던 것이다. 요즘 이혼이 급증하고 재혼이 활발해지고 있다. 하지만 이혼여성이 전 남편의 자식을 키우고 있는 경우 재혼하기도 어렵고, 애를 데리고 재혼에 성공한다고 해도 원만한 생활을 하는 경우는 드물다. 재혼가족이라면 아버지가 다른 형제들이 한 가정에서 사이좋게 지냈던 고려시대의 모습을 떠올려 볼 필요가 있다.

재혼을 즐기다

고려여성은 독자적으로 재산을 소유하고 있었기 때문에 재혼하기가 쉬웠다. 재력을 가진 과부는 남성들의 집중적인 유혹의 대상이 되었다. 또한 과부가 된 여성도 자신의 재력을 사용하여 적극적으로 남성을 유혹하여 재혼에 성공하는 경우가 많았다.

고려 말기 우왕 때 판서 김세덕의 처 윤씨는 남편이 죽자 바람을 피웠다. 걱정이 된 친정어머니가 윤씨를 한 벼슬아치와 재혼시켰지만 며칠 만에 싫증을 내고 그 남자를 쫓아내 버리는 바람에 사헌부의 처벌을 받았다. 하지만 윤씨는 권력자 이인임에게 뇌물을 주어 풀려났을 뿐만 아니라 이성계의 친구로 무공을 많이 세운 용장 퉁두란이두란과 세번째 혼인을 했다. 이처럼 여성의 재력은 위기에 처했을 때 위력을 발휘하기도 했던 것이다.

원 간섭기에 재상 조석견의 처 장씨는 집에 놀러온 당시의 권세가 강윤충의 잘생긴 용모에 반해 마음에 담아두었다가 남편이 죽자 상중임에도 여자노비를 세 번이나 보내 유혹한 끝에 정을 통하고 재혼했다. 강윤충에게는 이미 3명의 처가 있어 그녀는 4번째가 되지만 적서嫡庶의 구별이 별로 없는 게 고려의 풍습이라 그녀는 상관하지 않았다.

원래 고려는 일부일처가 원칙이었지만 권세가는 예외이며 또한 당시 원의 영향으로 다처 경향이 서서히 생겨나는 시기였다. 강윤충이 그녀와 결혼한 뒤 그녀의 죽은 남편의 가산을 차지했다는 것으로 보아 그녀가 막대한 재력으로 강윤충을 유혹했다고 여겨진다.

장씨는 원래 끼가 많은 여자라 미남 강윤충에게도 만족을 못해 계속 바람을 피우다가 강윤충으로부터 버림받는다. 하지만 그녀는 전리판서이부상서를 지낸 홀아비 구영검을 집요하게 유혹해 사통하고 남편으로 삼았으니 세번째 혼인이다.

그런데 그녀는 구영검이 한족의 반란으로 위기에 빠진 원나라를 돕고자 고려군 지휘자로 파견되자 또 바람을 피웠다. 구영검이 돌아와 절교하자 그를 원망한 그녀는 복수까지 했는데, 공민왕이 친원파를 숙청할 때 외삼촌으로 하여금 그를 왕에게 참소하도록 하여 참수시켰다. 그녀는 이후에 대호군대장군 이구축과 간통해 어사대의 국문을 받았다.

이처럼 고려시대 여성이 조선시대 같으면 풍기문란죄로 당장 처벌받을 법한 행동을 마음대로 할 수 있었던 요인은 재혼이 자유로운 사회분위기 때문이었다. 죽은 남편을 따라 죽지 못해 겨우 살고 있는 사람이라는 뜻의 '미망인未亡人'이라는 말은 고려사회와는 전혀 어울리지 않는 말이었다. 물론 고려여인이 재혼을 즐긴 경우는 일부에게 국한되며, 대부분은 생활상 필요해서 재혼을 했던 것이다.

처가살이가 여권의 원천

고려시대에 여성이 호주가 되기도 하고 남성과 똑같이 재산을 상속받고 재혼을 마음대로 할 수 있었던 힘의 원동력은 어디에서 온 것일까? 여러 가지 요인이 있겠지만 남성이 결혼하면 여성의 집에 가서 상당한 기간 동안 살아야 했던 '남귀여가男歸女家', 즉 처가살이 풍습이 가장 중요한 요인이 아닐까 생각된다.

이 풍습은 무신정권 때의 유명한 문장가 이규보가 세상을 뜬 장인을 위해 쓴 제문에 잘 나타나 있다. 이규보는 "제가 일찍 고아가 되어 가르쳐 줄 사람이 없었는데 제가 공께 온 뒤로 친히 훈계하고 격려해 주셨기 때문에 분발하여 사람이 될 수 있었습니다. 이것은 모두 공께서 도와주신 덕택입니다" 하고 장인의 은혜를 칭송했다. 그리고 다음과 같이 언급했다.

　　지금은 남자가 장가들면 여자집에 가서 거주하여 남자가 필
요로 하는 것은 모두 처가에서 해결하고 있습니다. 그리하여
장인과 장모의 은혜가 부모의 은혜와 똑같게 되었습니다. 아
아, 공께서 저를 두루 보살펴 주셨는데 세상을 버리고 운명하
셨으니 저는 장차 누구에게 의존하리까!

　　남성이 여성과 결혼해 처가에서 모든 것을 해결함으로
써 장인과 장모의 은혜가 친부모 못지않았던 것이니 여성
의 발언권이 세어질 수밖에 없었다. 처가살이는 단기간이
아니어서 몇 년, 십몇 년, 아니면 몇십 년까지 살았으니
처가의 힘이 커지는 것은 당연했다.

　　눈치보며 처가살이하는 남성이 어떻게 다처多妻를 할
수 있었겠으며 어떻게 아내를 못살게 굴 수가 있었겠는가.
게다가 아내는 처가에서 재산을 상속받은, 앞으로 상속받
을 존재였으니 더욱 함부로 할 수 없었다. 자녀들도 외가에
서 자라는 경우가 많아 어머니를 편들었다.

　　딸은 또한 부모를 봉양하는 귀한 존재였으니 원나라
황제에게 공녀貢女징발을 폐지해 달라고 올린 이색의 부친
이곡의 상소에 잘 나타나 있다. 그는 "풍속이 차라리 아들
을 별거시킬지언정 딸은 내보내지 않으니 진나라의 데릴
사위와 비슷합니다"라고 하여 딸사위과 함께 사는 고려의

풍습을 언급했다.

이는 맞는 말이지만 딸이 혼인하면 일정 기간이 지난 다음에 사위집으로 옮겨가는 경우가 많았기 때문에 과장된 측면도 있다. 그는 이어서 "무릇 부모를 봉양하는 일은 딸이 맡아 합니다. 이 때문에 딸을 낳으면 애지중지 키워 밤낮으로 자라나기를 고대합니다"고 언급했다. 고려는 아들(며느리)보다는 딸(사위)이 부모를 봉양하는 경향이 강한 사회였던 것이다.

딸(사위)과 부모(처부모)가 함께 사는 경우는 대개 두 가지 형태가 있었다. 하나는 부모가 딸(사위)을 데리고 사는 경우로 이는 주로 부모가 정정했을 때 해당되었다. 다른 하나는 딸(사위)이 부모를 모시고 사는 경우인데 이는 주로 부모가 연로했을 때 해당되었다. 사위는 장인과 장모에게 많은 신세를 졌던 만큼 그 은혜를 갚는 게 미덕이었던 것이다.

이처럼 여성의 발언권이 컸다고 해서 남성이 손해만 보는 것은 아니었다. 왜냐하면 딸의 위상이 크면 그만큼 사위의 위상도 덩달아 올라가기 때문이었다. 처가가 부유하면 처가 많은 재산을 상속받기 때문에 덩달아 사위도 부유해지는 셈이 되었다.

또한 친가 쪽이 잘 나가지 못하더라도 장인이나 외조부가 중견관료를 지내면 그 배경으로 얼마든지 관직에 진출할 수 있었다. 고려는 처가나 외가를 한번 잘 만나기만 하면 부와 출세를 거머쥘 수 있는 사회였던 것이다. 그래서 일부 못된 남성들이 부와 출세를 위해 조강지처를 버리고 잘나가는 집안의 딸과 재혼하는 부작용도 종종 생겨났다.

부계父系의식이 약하고 처가와 외가의 힘이 센 고려사회에서는 그만큼 여성의 지위가 높았다고 할 수 있다. '뒷간과 처가는 멀수록 좋다'·'출가외인出嫁外人'·'시집간다'라는 조선 후기 이후 남성중심 표현은 고려사회의 실상과는 어울리지 않는다. 물론 고려시대도 관직은 남성의 전유물이라서 여성이 정치에 진출하지 못한 한계는 지적되어야 한다.

김창현

근친혼이 가능했던 사회

　　몇 해 전에 민법民法의 '동성동본불혼同姓同本不婚' 규정이 위헌판결을 받아서 지난 수백 년간 우리가 당연하게 여겨 온 인식이 무너진 적이 있었다. 동성동본의 결혼은 넓게 보면 근친혼近親婚을 포함하는 것이다.

　　사실 우리 역사에서 '동성동본불혼同姓同本不婚'이 관습 법처럼 굳게 자리잡은 것은 조선이 건국되고 나서도 한참 지난 16세기 이후의 이야기이다. 그러므로 고려시대까지 만 해도 동성同姓 사이에는 결혼을 하지 못하는 것이 아니 라 않는 것이었다. 바로 이 동성간이나 친척간에 결혼을 하는 형태인 근친혼이 바로 고려 사회의 독특한 한 단면을 보여준다고 하겠다.

근친혼, 정말로 했을까?

　　사실 근친혼은 고려 때에 생긴 혼인 형태는 아니다. 우리가 잘 알고 있듯이 신라의 왕족을 구분하는 이름인 '성골聖骨'이나 '진골眞骨' 등은 이미 왕족 안에서의 근친혼을 전제로 하고 있는 것이다. 그렇기 때문에 고려 때에 와서 근친혼이 별안간 생겨난 것은 아니며, 이미 당시의 사람들에게 근친혼은 신라 1천 년을 거치면서 어찌 보면 익숙한 모습이었다고 할 수 있다.

그런데도 왜 근친혼이 고려의 특징적인 혼인 형태라고 여겨지는 것은 무슨 까닭일까? 이것이 고려시대가 가진 모순적인 분위기 때문이라고 생각된다. 바로 이전의 고대사회보다 정치적으로 개방되고 지배계층이 확대되는 개방적인 분위기와 근친혼을 인정하지 않는 유교적 합리주의가 확산되는 분위기 속에서도, 고대적인 요소로서 폐쇄적인 성격을 지닌 근친혼이 특히 왕족을 중심으로 고려 말기까지 끊이지 않고 고려의 지배계층에서 여전히 폭넓게 수용되었다는 점이다.

고려의 태조 왕건王建은 918년에 고려를 건국하고 936년에 통일을 이룩함으로써 후삼국시대의 혼란을 정리했다. 이 때 그는 그 동안의 분열과 혼란을 극복하고 민족의 화합을 위해서 여러 가지의 정책을 펴나갔는데, 그 주요한 것 가운데 하나가 혼인婚姻정책이었다. 이를 통해서 태조는 중앙과 지방의 유력한 호족豪族들과 통혼하여 무려 29명의 부인을 두게 되었던 것이다. 그런데 정작 왕건 자신은 근친혼을 하지 않았다.

고려의 최고귀족이라 할 수 있는 왕족들에게서 근친혼의 모습이 보이기 시작하는 것은 제2대 혜종 때부터이다. 이후 공민왕에 이르기까지 고려 역대 34명의 국왕 가운데 절반이 넘는 27명의 국왕이 종실에서 배우자를 맞이하여 결혼을 했다. 물론 종실이 아닌 다른 성[異姓]의 배우자도 맞이하고 있다.

도대체 왜, 무엇 때문에 왕실에서 근친혼이 행해졌을까? 동성 사이의 근친혼은 아마도 가문이나 혈통의 순수성을 유지하려는 노력에서 비롯된 것 같다. 그런데 왕실과 관련되어서는 단순히 한 가문의 순수성을 유지하려는 것뿐만 아니라 결혼을 통한 정치권력의 분산 내지 확산을 방지하고 폐쇄적인 통혼권[通婚圈]을 형성함으로써 권력의 집중과 왕족만의 특권을 향유하려는 목적도 있었다고 여겨진다. 또 한 걸음 더 나아가 왕실이 폐쇄적인 근친혼을 함으로써 왕실의 '성화[聖化]'를 의도했다고도 보인다.

근친혼 부부는 촌수가 어떻게 되었을까?

왕실의 근친혼은 대단히 가까운 사이에 이루어진 경우

가 많았다. 4촌 사이에 결혼을 한 경우가 가장 많기는 했지만, 어머니가 다른 이복남매 사이나 숙질의 3촌 사이, 5촌 이상의 친척들 사이에 결혼을 하는 경우도 있었다. 그래서 이모와 조카, 삼촌과 조카, 친종·이종·고종과 같은 4촌간에도 결혼을 하는 경우가 고려왕실에서는 흔했다.

이복남매 사이에 혼인을 한 대표적인 예는 바로 광종光宗과 문종文宗을 들 수 있다. 광종은 태조의 셋째아들로서 그의 어머니는 태조의 셋째부인인 신명왕후神明王后 유씨劉氏이며, 광종의 부인인 대목왕후大穆王后는 태조와 넷째부인인 신정왕후神靜王后 황보씨皇甫氏 사이에서 태어났다. 따라서 광종과 대목왕후는 이복남매 사이이다.

또 현종顯宗과 원혜태후元惠太后 사이에서 태어난 문종은 현종과 원성태후元成太后 사이에서 난 인평왕후仁平王后와 결혼을 했다. 이런 이복남매 사이의 극단적인 근친혼은 흔한 경우가 아닌데, 태조와 현종의 아들의 경우에만 나타난다. 이는 아마도 새로 왕가王家를 창건한 위치에서 왕실의 특권과 혈연적 순수성을 유지하려는 의도에서 특별히 비롯되었다고 보인다.

근친혼을 한 국왕들의 경우 27건 가운데 13건은 4촌 사이에 이루어지고 있으므로 근친혼의 중심이 여기에 있음을 알 수 있다. 한편 국왕은 아니라도 왕족인 종실에서는 서로간에 많은 근친혼이 이루어졌다. 특히 문종의 친동생인 평양공平壤公 기基의 집안은 평양공의 딸이 문종의 아들인 순종順宗에게 시집을 가서 정의왕후貞懿王后가 된 이래 여러 명의 왕비가 나와서 이른바 '배우자 집단'을 형성하면서 지속적으로 근친혼을 했다. 공주公主의 경우에는 거의 100% 근친혼을 했던 것으로 파악된다.

왕실에서 이같이 근친혼이 널리 행해졌지만, 그래도 고려왕실에서는 나름대로 꺼리는 것이 있었던 것 같다. 왜냐하면 종실의 여자, 즉 왕비가 된 공주들은 모두 '왕王'씨를 쓴 것이 아니라 어머니나 할머니의 성을 차용함으로써 근친혼임을 은폐하고 있었다.

어떻게 보면 왕실의 근친혼은 왕족이라는 득수'한 경우에 지나지 않는다고 이해할 수도 있다. 그렇지만 고려 때에는 왕실뿐 아니라 귀족이라 불리던 지배계층을 비롯해서 일반 양인들 사이에서도 근친혼이 행해졌던 것으로 보인다.

고려 전기의 유력한 귀족가문으로 가장 유명한 것이 경원이씨이다. 이 집안은 이자겸李資謙이 예종과 인종에게 잇따라 세 딸을 시집보냈는데, 인종의 장인으로써 조선국공朝鮮國公에 봉해짐으로써 절정의 영화를 누렸다. 이 즈음에 이자겸과 형제인 이자량李資諒은 문종 때의 재상인 이자연李子淵의 손자였는데, 역시 사촌인 이자인李資仁의 딸을 부인으로 맞음으로써 결국 5촌간에 혼인이 이루어졌다.

또 문종 초에는 노준魯準이라는 사람이 과거에 급제했는데, 그의 부모가 4촌간에 혼인을 했다고 하여 벼슬을 못하도록 하자는 의견이 나오기도 했다.

그리고 고려 말인 1391년경에 작성된 것으로 여겨지는 국보 131호 호적에 보면 함경도 지방에 사는 박인검朴仁檢은 본관이 울주蔚州인데, 그의 부인 또한 울주박씨인 것으로 기록되어 있다. 그 밖에도 이 호적에는 동성간 혼인한 것으로 보이는 사례가 다수 있어서 근친혼이 일반 양인들 사이에서도 이루어졌음을 알 수 있다.

또 문종 12년(1058), 선종 2년(1085), 숙종 원년(1096), 예종 11년(1116), 인종 12년(1134), 의종 즉위년(1146) 등에 이복남매 사이의 결혼이나 4촌 또는 6촌 사이의 결혼을 금지하며, 근친혼을 한 사람의 아들은 벼슬을 못하도록 하는 법이 만들어졌는데, 이것은 당시 근친혼이 그만큼 많이 이루어졌다는 것을 알 수 있는 반증이다.

또 고려 후기 충렬왕 34년(1308)과 공민왕 16년(1367)에도 이와 비슷하게 근친혼을 금지하는 법을 만든 것을 고려하면, 고려 후기에도 근친혼은 여전히 이루어지고 있었음을 알 수 있다.

근친혼을 하지 말도록 하라!

　　왕실을 비롯하여 고려 사회에서 널리 행해지던 근친혼
은 여러 차례에 걸친 법적 제재에도 불구하고 멈추지 않았
다. 또 유교적 지식인들이 여러 차례 근친혼을 근절시키고
자 반대했으나 그다지 큰 효과를 보지는 못했다. 문종의
아들인 부여공扶餘公이 역시 문종의 딸인 적경궁주積慶宮主
와 혼인을 하게 되자, 역시 문종의 아들인 금관후金官侯가
왕실의 근친혼에 대해서 반대를 하기도 했지만 성과를 이
루지는 못했다.

　　그러다가 원 간섭기에 들어서 고려의 근친혼은 커다란
변화를 맞이하게 되었다. 원나라에서는 동성同姓간에 결혼
을 한다는 것은 있을 수 없는 일이라면서 이의 폐지를 요구
했고, 충선왕忠宣王은 이를 받아들여 1308년에 강력한 금지
법을 만들게 되었다.

　　이렇게 해서 나온 것이 이른바 '재상지종宰相之宗'이었
다. 이것은 왕실과 결혼을 할 수 있는 집안을 정해서 왕실
은 이들과 통혼함으로써 근친혼을 하지 못하도록 한 것인
데, 이 '재상지종'에는 안산김씨·정안임씨·경원인쥐이
씨·해주최씨·철원최씨·경주김씨·공암허씨·평강채

씨·당성[남양]홍씨·황려[여흥]민씨·횡천조씨·파평윤씨·평양조씨 등 당시의 유력한 15개 가문이 포함되었다.

아울러 문무반도 4촌 이내 근친혼은 할 수 없도록 규정한 것을 보면, 이 때까지도 양반관료를 비롯한 지배계층 사이에는 근친혼이 폭넓게 이루어지고 있었던 듯하다. 아무튼 이것을 계기로 고려에서는 한동안 적어도 왕실에서는 근친혼이 사라지게 되었다.

공민왕 때에 이르자 원나라는 점차 쇠퇴해 갔고, 이 틈을 타서 공민왕은 반원적인 개혁정치를 추구했다. 그런 와중에 원나라 출신 노국대장공주魯國大長公主가 사망하자 공민왕 15년에 다시 왕비를 맞았는데, 이 때 종실에서 익비益妃를 맞이함으로써 다시 근친혼을 하게 되었다.

그러나 고려 말에 보이는 왕실의 근친혼은 사라져 가는 잔영을 보여주는 것과 마찬가지였다. 당시에는 주자성리학朱子性理學이 도입되면서 동성불혼을 주장하는 유교적 합리주의를 갖춘 새로운 사상을 지닌 사대부들이 활동을 시작하던 때였다.

이들은 성리학적 질서를 추구했기 때문에 당연히 근친혼을 금기시했으며, 다른 가문과의 결혼인 이성혼異姓婚만을 인정했는데, 사회 전반에 이런 성리학적 인식체제를 투영함으로써 조선이라는 새 사회를 열었던 것이다.

이렇게 새로운 사대부들이 조선의 주역으로 등장하자

근친혼은 점차 사라졌고, 대신에 이들이 성리학적 이념을 바탕으로 향촌까지 깊숙이 지배하게 되는 16세기 이후에는 우리가 익히 들어왔던 '동성동본불혼同姓同本不婚' 인식이 머리 깊숙이 들어오게 되었던 것이다.

김보광